数字时代产教融合驱动
餐旅人才培养新趋势研究

陈欢欢　李书光　著

中国商业出版社

图书在版编目(CIP)数据

数字时代产教融合驱动餐旅人才培养新趋势研究 / 陈欢欢，李书光著. -- 北京 ：中国商业出版社， 2025. 6. -- ISBN 978-7-5208-3458-2

Ⅰ. F719.3;F590

中国国家版本馆 CIP 数据核字第 2025NX9759号

责任编辑：朱丽丽

中国商业出版社出版发行

（www.zgsycb.com　100053　北京广安门内报国寺 1 号）

总编室:010－63180647　编辑室:010－63033100

发行部:010－83120835/8286

新华书店经销

北京虎彩文化传播有限公司印刷

*

787 毫米×1092 毫米　16 开　8.75 印张　153 千字

2025 年 6 月第 1 版　2025 年 6 月第 1 次印刷

定价：45.00 元

*　*　*　*

前　言

在全球化与信息技术飞速发展的今天，餐旅业正经历着深刻的变革。数字化技术的迅猛发展不仅改变了消费者的行为模式，也在重塑餐旅业的运营方式和管理模式。与此同时，产教融合作为一种新兴的教育理念，正在推动教育界与产业界的深度合作，为培养适应新时代需求的人才提供了新的路径。通过产教融合，能够将数字技术融入餐旅人才培养全过程，使人才培养与产业需求紧密对接。在这样的背景下，研究数字时代产教融合驱动餐旅人才培养的新趋势，具有重要的理论意义和实践价值。

本书以数字时代餐旅行业发展与人才需求为切入点，详细阐述了数字技术驱动的餐旅人才培养模式、产教融合在餐旅人才培养中的应用，深入地探讨了数字时代产教融合驱动餐旅人才培养课程体系创新、数字时代产教融合驱动餐旅人才培养的师资队伍建设。希望本书的介绍，能够为读者研究数字时代产教融合驱动餐旅人才培养新趋势提供帮助。

在写作过程中，本文参考了部分相关文献、资料，获益良多，在此谨向其作者表示衷心的感谢！

由于作者水平有限，部分问题的研究还待进一步深化、细化，书中难免存在一些不足之处，敬请广大读者批评指正。

陈欢欢　李书光

2025 年 4 月

目 录

第一章 数字时代餐旅行业发展与人才需求 …… 1
第一节 数字时代概述 …… 1
第二节 数字时代餐旅行业的新业态 …… 12
第三节 数字时代餐旅行业人才需求变化 …… 23
第二章 数字技术驱动的餐旅人才培养模式 …… 32
第一节 大数据分析在人才需求预测中的应用 …… 32
第二节 虚拟仿真技术在技能培养中的应用 …… 41
第三章 产教融合在餐旅人才培养中的应用 …… 49
第一节 产教融合的基本概念 …… 49
第二节 产教融合的组织机制与运行模式 …… 55
第三节 产教融合的实践平台与资源整合 …… 63
第四章 数字时代产教融合驱动餐旅人才培养课程体系创新 …… 76
第一节 模块化课程体系的构建 …… 76
第二节 跨学科课程开发与整合 …… 85
第三节 动态化课程更新机制 …… 96
第五章 数字时代产教融合驱动餐旅人才培养的师资队伍建设 …… 108
第一节 师资队伍建设的基本概念 …… 108
第二节 师资队伍的培养与发展 …… 114
第三节 师资队伍的激励机制 …… 122
参考文献 …… 132

第一章　数字时代餐旅行业发展与人才需求

第一节　数字时代概述

一、数字时代的基本概念

（一）数字时代的内涵

数字时代是一个信息技术迅猛发展的时代，数据已成为新的生产要素和资源。信息技术的进步使数据的搜集、存储、分析和应用变得更加高效和广泛。数据不仅仅是技术领域的专属资源，还在各行各业中扮演着至关重要的角色。在这个时代，信息传播的速度和范围得到了显著的提升和扩大，改变了人们的沟通方式和社会互动。传统的面对面交流逐渐被数字化沟通方式所替代，如社交媒体、即时通信工具等。这种变化不仅影响了个人之间的沟通，还对商业交流、新闻传播等产生了深远的影响。

与此同时，数字时代的到来促使各行业进行数字化转型，推动了商业模式和服务方式的创新。企业通过数字化手段优化生产流程、提升服务效率，从而在竞争中取得优势。数字化转型不仅仅是技术层面的升级，更是企业战略的重新定位和业务模式的重塑。新兴技术如大数据、人工智能、云计算等的应用，为企业提供了更精准的市场洞察和决策支持。数字时代强调用户参与和个性化体验，用户的需求和反馈成为产品设计的重要驱动力。企业通过分析用户数据，能够更好地理解用户需求，提供更具有针对性和个性化的产品和服务。

（二）数字时代核心特征

数字时代的核心特征是信息爆炸与快速传播，这一特征深刻地影响了人们获取和处理信息的方式。

信息爆炸导致数据冗余现象越发严重，用户在面对海量信息时常常感到无从下手，选择困难。因此，在数字时代，培养用户的信息筛选和处理能力显得尤为重要。信息筛选不仅仅是技术上的挑战，更是认知能力的考验，如何从海量的信息中提取有价值的内容，成为每个信息消费者必须具备的技能。此外，信息爆炸也对信息的准确性和真实性提出了更高的要求，信息的过载常常掩盖了关键内容的价值，导致信息失真或误导。因此，信息的验证和甄别也成为数字时代的重要课题。

快速传播是数字时代的另一显著特征，它颠覆了传统媒体的传播模式。信息可以在极短的时间内覆盖广泛的受众，使信息的生产与消费几乎同步进行。这种快速传播的特性不仅改变了信息的流动方式，也改变了信息的消费方式。传统媒体需要经过编辑、审核等多个环节，而在数字时代，信息的发布可以是即时的，用户可以在第一时间获取最新信息。这种变化使得信息的时效性大大增强，但同时也带来了信息过载和真实性的问题。信息的快速传播要求用户具备更强的批判性思维能力，以辨别信息的真实性和重要性。

社交媒体的兴起进一步加快了信息的传播速度，使信息传播不仅限于单向的传递，还形成了双向互动的传播模式。用户可以即时分享和评论信息，这种互动性使得信息传播更加立体和多元化。社交媒体平台上的信息传播不仅是简单的内容分享，还是用户之间的交流和互动，这种互动性使得信息的传播过程充满了变数和可能性。用户的即时反馈和评论可以迅速影响信息的传播路径和受众的反应，这种互动性也使得信息的传播更加复杂和动态化。

信息的快速传播还促进了实时新闻和事件的跟踪，使公众对事件的反应更加敏感和迅速。传统媒体时代，信息的传播往往滞后于事件的发展，而在数字时代，信息的传播几乎与事件的发生同步进行。实时新闻的出现使得公众可以在第一时间获取事件的最新进展，这种即时性不仅增强了公众的知情权，也使得舆论的形成更加迅速和多变。公众对事件的反应更加敏感，这种敏感性不仅影响了事件的后续发展，也改变了舆论的形成方式。在数字时代，舆论的形成不再是线性的过程，而是一个动态的、不断变化的过程。

数字时代的交互性使用户能够通过多种渠道与内容进行实时互动，增强了用户的参与感和归属感。在这一时代，用户不再被动接收信息，而是通过社交媒体、在线论坛和互动应用等多种平台积极参与到信息的生产和传播过程中。这种交互性不仅提升了用户的体验感，还通过实时反馈机制使用户能够即时影响内容的方向和形式。通过这样的互动，用户与平台之间形成了一种动态的关系，这种关系在发展中不断深化，极大地改变了传统的信息传播模式。

在数字时代，用户参与不仅限于消费，还包括内容创作和分享，使用户成为信息传播的主动参与者。如今，用户可以通过博客、视频、播客等多种形式进行内容创作，成为信息生态系统中的重要组成部分。这种参与模式打破了传统媒体的垄断地位，使得每个用户都有可能成为信息的生产者和传播者。通过这种方式，信息的流动更加多元化，内容的丰富性得到了极大的提升。同时，用户在创作和分享过程中，也获得了更多的社会认可和归属感，这进一步激发了用户的参与热情。

社交平台的设计鼓励用户之间的互动，形成了社区效应，促进了信息的多元化和丰富性。通过点赞、评论、分享等功能，用户之间的互动变得更加频繁和深入。这种社区效应不仅增强了用户之间的联系，也使得信息可以在短时间内广泛传播。同时，平台通过算法推荐等技术手段，进一步推动了信息的多样性和丰富性。这种设计使用户不仅能够获取到更加个性化的信息，还能在社区中找到志同道合的伙伴，共同参与到信息的讨论和传播中。

交互性使用户反馈能够快速反馈到产品和服务的设计中，推动企业根据用户需求进行迭代和优化。在数字时代，用户反馈成为企业产品和服务改进的重要依据。通过实时的用户数据收集和分析，企业能够迅速了解用户的需求和偏好，并据此进行产品的更新和服务的优化。这种快速的迭代能力，使得企业能够在竞争激烈的市场中保持优势地位，同时，也提高了用户的满意度和忠诚度。通过这种方式，企业与用户之间形成了一种良性的互动关系，推动了数字经济的可持续发展。

数据驱动决策是数字时代的核心特征，它强调通过大数据分析来指导企业的战略和运营。这一方法的关键在于利用海量数据挖掘出有价值的信息，从而帮助管理者作出更精准的决策。在数字时代，企业面临着复杂多变的市场环境，传统的经验决策方式已难以适应。在此背景下，数据驱动决策通过分析历史数据和实时数据，为企业提供了科学的决策依据。这不仅有助于提高决策的准确性，还能有效地降低决策风险，增强企业的市场竞争力。

通过数据挖掘和分析，企业能够识别市场趋势和消费者行为，从而优化产品和服务。数据挖掘技术使企业能够从海量数据中提取出有价值的信息，识别潜在的市场需求和消费者偏好。比如，通过分析消费者的购买记录和浏览习惯，企业可以预测未来的市场需求，并据此调整产品设计和营销策略。这种基于数据的市场洞察力，能够帮助企业在激烈的市场竞争中抢占先机，满足消费者不断变化的需求。

实时数据监测使企业能够快速响应市场变化，调整策略以保持竞争优势。在数字时代，市场变化的速度前所未有，企业需要具备快速反应的能力。实时数据监测系统能够为企业提供即时的市场反馈，使管理者能够及时发现市场变化并迅速采取应对措施。这种灵活性和敏捷性，是企业在数字时代保持竞争优势的关键。

数据驱动决策还促进了各部门之间的信息共享与协作，提高了整体运营效率和决策透明度。在传统的企业运作中，信息孤岛现象普遍存在，各部门之间的信息交流往往不畅。而数据驱动决策通过建立统一的数据平台，实现了各部门之间的信息共享。这不仅提高了企业运营的效率，还提高了决策的透明度，使各级管理者能够更好地协同工作，实现企业整体目标。

数字时代的一个显著特征是虚拟与现实的融合体验，这一特征在多个领域展现出其独特的价值。

虚拟现实技术的应用显著地增强了用户的沉浸体验。通过这种技术，用户能够在虚拟环境中进行互动，从而感受到更真实的情境。这种沉浸式体验不仅在娱乐领域广受欢迎，还在其他行业中逐渐普及。虚拟现实技术的进步让用户能够在一个完全由计算机生成的环境中进行互动，体验到前所未有的真实感和参与感。

增强现实技术则在现实世界中叠加虚拟信息，使用户在日常生活中能够获得更丰富的体验。这种技术在购物领域的应用尤为突出，用户可以在购物时即时获取产品的详细信息，从而作出更明智的决策。增强现实技术通过将虚拟信息与现实环境无缝结合，提升了用户的日常生活体验。这一技术的应用不仅限于购物，还在旅游、导航等多个领域展现出其潜力，为用户提供了更便捷和智能的服务。

二、数字时代的技术基础设施

（一）5G 技术

5G 技术作为数字时代的核心技术基础设施，以其超高速的数据传输能力显著地提升了数字内容的获取效率。用户能够在极短的时间内完成大容量数据的下载和上传，这种效率的提升不仅满足了个人用户对高质量视频、音乐等多媒体内容的需求，也为企业在数据密集型业务中的信息处理提供了技术支持。5G 的高速网络使得海量数据传输成为可能，为人工智能、大数据分析等领域提供了坚实的基础。这种技术进步在全球范围内引发了广泛的关注，成为推动数字经济发展的重要引擎。

5G 技术以其低延迟性为实时互动的广泛应用提供了可能。这种低延迟性极大地增强了用户体验，尤其是在在线游戏和远程医疗等需要即时响应的应用中。在线游戏玩家能够体验到更加流畅的游戏过程，而远程医疗中的医生可以通过高清晰度视频和实时数据进行诊断和治疗，极大地提高了医疗服务的效率和效果。5G 技术的低延迟性不仅在娱乐和医疗领域展现出巨大潜力，也为其他需要实时数据传输的行业提供了新的发展机遇。

5G 技术的广泛覆盖和连接能力是物联网(IoT)普及和智能城市发展的重要推动力。通过 5G 网络，更多的设备能够接入互联网，实现设备间的互联互通。这种连接能力使智能家居、智能交通、智慧城市等应用场景成为现实，极大地提升了人们的生活质量和城市的运行效率。5G 技术在物联网中的应用不仅限于消费电子领域，还在工业、农业等传统行业中发挥着重要作用，为各行各业的数字化转型提供了新的技术支撑。

5G 技术的网络切片功能允许不同类型的应用和服务在同一网络上灵活运行，从而优化了资源配置和网络管理。网络切片技术通过将物理网络划分为多个虚拟网络，使每个应用或服务都能获得其所需的特定网络资源。这种灵活的网络管理方式不仅提高了网络的利用效率，还能够根据不同应用的需求提供定制化的网络服务，满足了多样化的应用场景需求。5G 技术的网络切片功能在促进网络资源高效利用的同时，也为未来网络服务的创新和发展提供了广阔的空间。

（二）云计算

云计算作为数字时代的核心技术，提供了强大的计算能力和灵活的资源管理方式，成为现代企业不可或缺的基础设施。云计算的弹性资源管理能力，使企业能够根据实际需求动态调整计算和存储资源，从而优化成本结构。这种灵活性不仅降低了企业的初始投资成本，还使其能够在业务需求变化时迅速调整资源配置，保持竞争优势。此外，云计算的多租户架构允许多个用户共享同一基础设施，这显著地提高了资源利用率，进一步降低了运营成本。通过共享资源，企业能够以更低的成本获得高性能计算能力，助力其在激烈的市场竞争中保持领先地位。

云计算支持的分布式计算能力是其另一大优势，使大规模数据处理和复杂计算任务能够高效完成。分布式计算将计算任务分解为多个小任务，分配到不同的计算节点上并行处理，从而显著地提高了处理速度和效率。这种能力对于数据分析和机器学习的发展至关重要，因为它使企业能够处理海量数据并从中提取有价值的信息，推动业务决策的科学化和智能化。随着数据量的不断增长和分析需求的日益复杂，云计算的这一特性将继续为企业提供强大的技术支持，促进数字经济的可持续发展。

在安全性和数据保护方面，云计算也提供了强有力的保障。通过先进的加密技术和严格的访问控制机制，云计算平台能够有效地保护企业的数据安全。此外，云计算的备份机制为企业提供了数据保护和灾难恢复的保障，增强了业务连续性和数据可靠性。在突发事件或系统故障时，企业可以快速恢复数据，确保业务的正常运作。云计算的这些安全特性，使越来越多的企业愿意将其核心业务迁移到云端，以实现更高效的资源管理和更安全的数据存储，推动业务稳步增长。

（三）物联网

物联网被视为实现万物互联的关键基础设施，通过将传感器和设备进行互联，物联网技术能够实现实时数据采集与监控。这一技术的应用显著地提高了生产和管理的效率，使各行业能够更精准地进行资源调配和决策制定。

物联网的标准化和互操作性是实现不同设备和平台之间无缝连接的关键，这对于构建一个统一的生态系统至关重要。通过制定统一的技术标准和协议，物联网能够实现不同厂商、不同设备之间的互联互通，打破了信息孤岛，促进了数据的流动和共享。这种标准化的努力不仅提升了物联网系统的兼容性和扩展性，也为企业提供了更多的创新机会，推动了整个行业的快速发展。

物联网的安全性和隐私保护措施是其广泛应用的基础，确保用户数据的安全和应用的可信性是物联网发展的重要前提。随着物联网设备的普及，数据泄露和隐私侵犯的风险也随之增加。因此，物联网系统需要在数据传输和存储过程中采取严格的加密措施，并建立完善的隐私保护机制，以防止未经授权的访问和数据滥用。只有在安全性和隐私保护得到充分保障的前提下，物联网才能在更广泛的领域中得到应用和发展。

（四）大数据中心

大数据中心是数字时代的重要技术基础设施，承担着数据存储与处理的核心功能。大数据中心提供高效的数据存储解决方案，能够支持海量数据的快速存取和管理，满足企业对数据处理的需求。在数字经济迅速发展的背景下，企业需要处理来自不同渠道的大量数据，这对数据存储和处理能力提出了更高的要求。大数据中心通过优化存储架构和提升处理能力，使企业能够在信息爆炸的时代，保持数据管理的高效性和灵活性。

大数据中心采用分布式存储架构，大幅提升了数据的可靠性和可用性。分布式存储通过将数据分散存储在多个节点上，确保即使在系统部分节点发生故障时，数据仍能安全存储和快速恢复。这种架构不仅提高了系统的容错能力，还减少了数据丢失的风险，保障了企业业务的连续性。在数据中心的设计中，考虑到数据的高可用性，能够有效地支持企业在全球范围内的业务扩展和数据访问需求。

此外，大数据中心集成了先进的数据处理技术，如数据挖掘和机器学习，能够支持复杂的数据分析任务。这些技术帮助企业从海量数据中提取有价值的信息，进行深度分析和预测，为企业决策提供科学依据。通过机器学习算法的应用，大数据中心能够实现自动化的数据处理和分析，提升数据处理的效率和准确性。这种智能化的数据处理能力，使企业在激烈的市场竞争中，能够快速响应变化，抢占市场先机。

为了保障数据的安全性和隐私保护，大数据中心实施了严格的安全策略和访问控制机制。这些措施确保用户数据在存储和处理过程中，能够得到有效的保护，防止未经授权的访问和数据泄露。通过多层次的安全防护和加密技术，大数据中心能够为用户提供一个安全可靠的数据环境。这不仅增强了用户对数据中心的信任，也为企业在数字化转型过程中提供了坚实的安全保障。

（五）人工智能

人工智能作为数字时代的核心技术，已经成为各行业发展的重要基础设施。人工智能在数据分析中的应用尤为突出，通过复杂的算法处理海量数据，人工智能能够提取出潜在的商业洞察。这些洞察不仅能帮助企业更好地理解市场动态，还能为企业提供精准的市场预测支持，帮助其在竞争激烈的市场环境中保持领先地位。人工智能的强大之处在于其自动化处理能力，这使得企业能够从繁杂的数据中快速获取有价值的信息，从而作出明智的商业决策。

在制造业中，人工智能驱动的自动化技术已经显著地改变了生产模式。通过智能化的生产线和自动化设备，制造业企业能够大幅度提高生产效率，减少对人力的依赖，从而降低人工成本。此外，人工智能技术还提升了产品质量的一致性，减少了人为操作带来的误差。这种技术变革不仅提高了企业的竞争力，也推动了制造业整体的现代化进程，使其更好地适应数字时代的需求。

人工智能在客户服务领域的应用也带来了极大的变革。智能客服和聊天机器人可以提供24/7的客户支持，极大地提升了用户体验和满意度。通过自然语言处理技术，这些智能系统能够理解和响应客户的需求，提供个性化的服务体验。这种全天候的服务模式不仅提高了客户满意度，还为企业节省了大量人力资源，优化了服务流程。

在医疗领域，人工智能的应用正在重塑传统的医疗服务模式。通过机器学习和图像识别技术，人工智能能够辅助医生进行疾病诊断和治疗方案的制定。这不仅提高了医疗服务的效率，还提升了诊断和治疗的准确性。人工智能的引入使医疗服务更加精准和个性化，为患者提供了更好的医疗体验，并为医疗行业的发展注入了新的活力。

三、数字时代的社会经济影响

（一）数字时代对传统产业升级转型的影响

数字时代的到来，对传统产业的升级转型产生了深远的影响。数字技术的应用在传统产业中引发了一场效率革命。通过自动化和智能化的改造，传统产业的生产流程得以优化，资源利用率显著提升。例如，制造业通过采用工业互联网和物联网技术，实现了设备之间的智能互联、生产线的实时监控和数据分析，这不仅减少了人为干预的需求，还提高了生产的精准度和效率。此外，农业领域也通过数字技术的应用，实现了精准农业，从而提高了产量和品质。这种生产效率的提升，不仅降低了企业的运营成本，还增强了其市场竞争力。

数字化转型使传统产业能够更好地满足消费者的个性化需求。借助大数据分析，企业可以精准地把握市场趋势和用户偏好，从而定制化生产和服务。例如，服装行业通过分析消费者的购买记录和行为数据，能够设计出更符合市场需求的产品，提供个性化的购物体验。这种能力不仅提高了消费者的满意度，也增加了企业的市场份额。此外，数字化转型还使得企业能够快速响应市场变化，调整生产策略，保持市场的敏捷性和适应性。

数字平台的建立为传统产业提供了新的销售渠道，极大地拓展了企业的市场空间。通过电商平台和社交媒体，企业能够直接接触到更广泛的消费者群体，提升品牌的影响力和客户的黏性。例如，零售行业通过线上销售平台，不仅突破了地域限制，还实现了24小时不间断的销售服务，大大增加了销售额。同时，社交媒体的应用，使企业能够与消费者进行实时互动，增加了品牌的忠诚度和影响力。数字平台的多样性和灵活性，为传统产业的市场拓展提供了新的可能性。

数字时代推动了传统产业创新能力的提升。企业通过技术研发和创新思维，能够不断地推出新产品和服务，保持市场竞争力。例如，汽车行业通过电动化和智能化的技术研发，不断地推出智能驾驶和新能源车型，满足了市场对绿色和智能交通的需求。这种创新能力的提升，不仅使企业在激烈的市场竞争中占据优势地位，也推动了整个行业的技术进步和发展。通过不断的技术创新和产品更新，传统产业在数字时代焕发出新的活力，迎来了新的发展机遇。

（二）数字时代催生的新兴产业与就业形态

数字时代的到来催生了许多新兴产业与就业形态，这些产业不仅改变了传统的经济结构，也为社会带来了新的活力。数字化服务行业的崛起是一个显著的例子，它推动了在线教育、远程医疗和数字营销等新兴服务模式的发展。这些服务模式不仅满足了现代用户对灵活性和个性化的需求，也促进了相关技术的进步和应用。在线教育打破了地域的限制，使优质教育资源能够被更广泛的人群所获取；远程医疗则通过数字平台实现了医生与患者的高效沟通，提升了医疗服务的可及性和效率；数字营销则通过大数据和人工智能技术，实现了精准的用户定位和个性化的广告投放。这些新兴行业的发展，不仅创造了大量的就业机会，也推动了相关领域的技术创新。

共享经济的兴起是数字时代另一个重要的经济现象。以Uber（优步）和Airbnb（爱彼迎）为代表的共享平台，通过互联网技术连接供需双方，改变了传统行业的运营模式，促进了资源的高效利用。这种新型的商业模式，不仅降低了消费者的使用成本，也为资源的拥有者创造了新的收入来源。共享经济的本质在于通过技术手段实现资源的最优配置，最大化地发挥资源的使用价值。这一模式的成功不仅在于技术的支持，还在于其背后所蕴含的社会经济理念的转变。通过共享经济平台，个人可以灵活地参与到经济活动中，创造出新的就业形态和经济机会。

区块链技术的应用为金融科技和供应链管理等领域带来了深刻的变革。区块链技术以其去中心化和不可篡改的特性，提升了交易的透明度和安全性，创造了新的商业机会。金融科技领域通过区块链技术实现了支付和交易的高效化和低成本化，推动了传统金融行业的变革。供应链管理则通过区块链技术，实现了供应链各环节的信息透明和实时追踪，提升了供应链的效率和可靠性。这些创新不仅推动了相关产业的发展，也为社会经济的可持续发展提供了新的动能。

虚拟现实和增强现实技术的发展，催生了新的娱乐和体验产业，为用户提供了丰富的消费选择和体验。沉浸式游戏和虚拟旅游等新兴产业，通过技术手段为用户创造了逼真的虚拟体验，极大地丰富了用户的娱乐方式和消费体验。这些技术的应用，不仅拓展了传统娱乐产业的边界，也为内容创作和用户交互提供了新的可能性。通过虚拟现实和增强现实技术，用户能够身临其境地体验前所未有的场景和内容，这种全新的体验方式，将在未来继续推动相关产业的发展和创新。

（三）数字时代消费模式变革的社会经济影响

数字时代的到来，促使消费模式发生了深刻的变革，对社会经济产生了广泛而深远的影响。数字时代的消费模式更加注重个性化，这一趋势得益于大数据和人工智能技术的广泛应用。消费者能够通过数据分析获得定制化的产品和服务，这不仅提升了用户满意度，还推动了企业在产品设计和市场营销方面的创新。个性化消费模式使企业能够更精准地捕捉消费者的需求，进而优化资源配置，提高市场竞争力。这种变化不仅体现在产品的多样化上，也体现在服务的个性化定制上，极大地丰富了消费者的选择。

在线购物的普及是数字时代消费模式变革的另一个重要表现。电子商务平台的兴起，使得消费者的购物方式发生了根本性的变化。消费者不再受限于时间和空间的约束，可以随时随地进行购物，这种便捷性极大地提升了消费体验。通过移动设备进行的购物活动，已经成为现代人生活的重要组成部分。这一转变不仅提高了消费便利性，还推动了物流行业的发展，催生了新的商业模式和就业机会。在线购物的流行，也促使传统零售业加速数字化转型，以应对新的市场挑战。

社交媒体的影响力在数字时代的消费决策中也日益增强。消费者在做出购买决定时，越来越依赖他人的评价和推荐，这种现象形成了新的消费信任机制。社交媒体平台不仅是消费者获取产品信息的重要渠道，也是企业进行品牌推广和客户互动的关键阵地。通过社交媒体，消费者能够更便捷地分享购物体验和产品评价，这种互动不仅影响了其他消费者的购买决策，也为企业提供了宝贵的用户反馈。企业可以通过分析社交媒体上的用户行为和反馈，更好地调整市场策略，提升品牌形象。

数字技术的应用还推动了无缝支付和快速结算的发展，使得消费过程更加高效。移动支付技术的普及，极大地简化了支付流程，减少了交易时间，增强了消费者的购买动力。无论是在线购物还是线下消费，快速便捷的支付方式都提升了用户的体验，促进了消费频率的提高。这种支付方式的变革，不仅便利了消费者，也为商家提供了更安全和高效的交易环境。未来，随着数字技术的不断进步，消费模式将继续演化，为社会经济带来更多机遇和挑战。

（四）数字时代收入分配格局变化的社会影响

数字时代的到来对社会经济结构产生了深远的影响，特别是在收入分配格局方面。随着数字技术的普及和应用，高技能与低技能劳动者之间的收入差距日益扩大。高技能人才凭借其在数字经济中的重要角色，获得了更高的经济回报；而低技能劳动者由于技术替代和市场需求的变化，收入增长相对缓慢。这种差距不仅是个体收入的差异，还是社会分层的潜在因素，影响社会的和谐与稳定。

数字平台经济的兴起为一些新兴职业和灵活就业形式提供了更高的收入潜力。这些新兴职业，如自由职业者、在线内容创作者等，依托数字平台的广泛应用，能够在全球市场中获取收入。然而，这种灵活就业形式的普及也导致了传统就业岗位的减少，进而影响了整体的收入稳定性。数字经济的这种双刃剑效应，要求政策制定者在鼓励创新的同时，也要关注传统行业的转型与劳动者的再就业问题。

在数字时代，收入分配格局的变化还体现在资本收益相对劳动收入比例的上升。企业通过技术创新和自动化，极大地降低了对人力的依赖，资本的回报因此显著提升。这种变化使得劳动者在收入分配中的份额逐渐减少，进一步加剧了社会的不平等现象。与此同时，数字经济的发展也促进了财富的集中，少数科技巨头的快速增长使得其创始人和高管的收入大幅提升，形成了新的财富不平等现象。这种财富的高度集中，不仅对经济可持续发展提出了挑战，也对社会公平和正义构成了威胁。

第二节　数字时代餐旅行业的新业态

一、智慧餐饮

（一）无人厨房与自动化烹饪系统的技术实现路径

无人厨房与自动化烹饪系统的技术实现路径是数字时代餐旅业的一大创新，其核心在于整合多种先进技术，以提升效率和消费者体验。

无人厨房的核心技术架构主要包括传感器、机器人和自动化控制系统的集成。这些技术共同作用，形成了一个高度自动化的环境，能够在无人干预的情况下完成复杂的烹饪任务。传感器负责实时监测厨房环境和食材状态，机器人则执行具体的烹饪操作，而自动化控制系统则协调各个环节的运作，确保整个过程的流畅和高效。在这种技术架构下，无人厨房不仅能够提高生产效率，还能通过数据分析实现精准的食材管理和成本控制。

自动化烹饪系统的关键技术在于智能温控、食材识别和烹饪算法的应用。智能温控技术能够根据食材特性和烹饪要求，实时调整烹饪设备的温度，确保食物的最佳口感。食材识别技术则利用图像识别和机器学习算法，快速准确地识别不同种类的食材，为烹饪过程提供精确的数据支持。烹饪算法则是将传统厨艺与现代计算技术相结合，通过对大量烹饪数据的学习和分析，自动生成最佳烹饪方案。这些技术的结合，使自动化烹饪系统能够在短时间内完成高质量的烹饪任务，极大地提升了餐饮服务的效率和品质。

无人厨房在供应链管理中的应用，展现了其在优化食材采购和库存管理方面的巨大潜力。通过实时数据分析，无人厨房能够准确地预测食材的需求量，进而优化采购计划，减少浪费和库存积压。此外，实时监控和数据分析还可以帮助餐饮企业快速响应市场变化，调整生产计划，以满足消费者的多样化需求。这种基于数据驱动的供应链管理，不仅提高了餐饮企业的运营效率，也为消费者提供了更加稳定和高质量的餐饮服务。

自动化烹饪系统对食品安全和卫生标准的保障措施，也是其技术实现路径中的重要一环。通过对烹饪过程的全程监控和数据记录，自动化烹饪系统能够确保每道工序都符合严格的食品安全标准。同时，自动化的操作减少了人为接触，降低了食品污染的风险。此外，系统还可以根据实时数据，及时发现并解决潜在的食品安全问题，确保消费者的饮食安全。这种高标准的卫生保障措施，为无人厨房在市场上的推广奠定了坚实的基础。

（二）智能点餐与个性化推荐算法的消费者体验升级

在数字时代，餐旅行业正经历着一场深刻的变革，其中智能点餐与个性化推荐算法的应用显著地提升了消费者的体验。智能点餐系统通过对用户行为的深入分析，能够提供个性化的菜品推荐。这种个性化服务不仅提高了消费者的满意度，还显著地增加了回头率。通过大数据技术，个性化推荐算法可以实时分析用户的口味偏好和消费历史，从而优化菜单设计和促销策略。这种基于数据驱动的方式，使餐旅企业能够更精准地满足消费者需求，提升整体服务质量。

智能点餐系统的应用，不仅在于个性化推荐，还通过先进的技术手段提升了点餐效率。语音识别和图像识别技术的引入，简化了传统的点餐流程，显著地减少了消费者的等待时间。这种技术创新不仅提高了餐厅的运营效率，也极大地改善了消费者的用餐体验。在快节奏的现代生活中，时间的节省成为消费者选择餐厅的重要考量因素，因此智能点餐系统的效率提升具有重要的市场竞争力。

此外，智能点餐系统还集成了消费者反馈机制，通过收集和分析用户的评价和建议，系统能够快速调整推荐内容，从而不断地优化用户体验。这种动态调整机制使餐旅企业能够及时响应市场变化和消费者需求，保持竞争优势。消费者的体验不仅仅是用餐过程中的感受，更是对服务的整体评价，因此，反馈机制的有效应用对提升用户满意度至关重要。

智能点餐系统的多语言支持也是其成功的关键因素。在全球化的背景下，餐旅行业的消费者来自不同的文化背景，多语言支持能够有效地满足这些多元化的需求，增强品牌的全球吸引力。通过提供多语言服务，餐旅企业能够拓展国际市场，提高品牌的市场竞争力。这种跨文化的服务能力，使企业不仅能够在本地市场中占据优势，也能在国际市场中获得更大的发展空间。

（三）餐饮供应链数字化管理的成本优化逻辑

餐饮供应链的数字化管理在现代餐旅行业中扮演着至关重要的角色。通过实时数据分析，企业能够优化采购决策，从而有效地降低食材浪费和库存成本。在传统的供应链管理中，采购决策往往依赖经验和历史数据，这种方式容易导致库存积压或短缺。数字化管理则通过对市场动态的实时分析，帮助企业更准确地预测需求，确保采购的每个决策都基于最新的数据。这种转变不仅减少了浪费，还降低了企业的运营成本，使得餐饮企业能够在竞争激烈的市场中保持优势。

智能化系统的引入使供应链各环节的监控更加高效。通过这些系统，企业可以实时追踪从原材料采购到成品交付的每个环节，确保供应链的顺畅运行。这种监控能力能够及时识别并解决潜在问题，减少运营延误带来的损失。例如，当某一环节出现延迟时，系统可以自动调整后续流程，确保最终产品的及时交付。这种灵活性提高了供应链的响应速度，降低了因延误导致的成本增加，同时，也提升了客户的满意度。

动态定价策略是数字化供应链管理中的一个重要组成部分。通过分析市场需求和供应情况，企业可以灵活调整产品价格，以最大化获取利润。这种策略不仅考虑到市场的瞬息万变，也关注到消费者的购买行为和偏好。通过对历史数据的分析，企业能够预测未来的市场趋势，并据此调整价格策略。这种灵活的定价方式不仅能扩大企业的利润空间，还能在竞争中占据有利位置，为企业的长远发展奠定基础。

数字化工具的整合使供应链的透明化得以实现，这极大地提高了供应商与餐饮企业之间的协作效率。在传统的供应链模式中，信息的不对称常常导致协作效率低下，而数字化管理则通过共享信息和资源，促进了各方的紧密合作。这种透明化的供应链不仅提高了整体的运营效率，还增强了企业对市场变化的敏感度，使供应链能够快速响应外部环境的变化。

预测分析技术的应用使企业能够提前识别市场趋势和消费者偏好，从而优化库存管理，降低过剩风险。通过对大量数据的分析，企业可以准确地预测未来的市场需求，调整生产和采购计划，避免库存过剩或短缺。这种前瞻性的管理方式不仅降低了库存成本，还提高了企业的资金使用效率。预测分析技术的应用，使得企业能够在激烈的市场竞争中保持灵活性和竞争力，为企业的可持续发展提供了强有力的支持。

二、数字酒店

（一）无人酒店与机器人服务员的运营模式创新

无人酒店的运营模式通过智能化系统实现自助入住和退房，提升了客户的便利性和效率。在数字化转型的推动下，无人酒店利用先进的技术手段，简化了传统酒店烦琐的入住手续。客人通过手机应用程序或自助终端即可完成入住和退房手续，这不仅缩短了等待时间，还减少了人工操作的错误。智能化系统的应用，使酒店运营更加高效，客户体验也因此得到了显著的提升。

机器人服务员在无人酒店中承担接待、行李搬运和客房服务等多项任务，确保服务的持续性和一致性。机器人服务员的引入，使酒店能够提供 24 小时不间断的服务，满足不同客户的需求。通过精准的导航系统和高效的任务管理，机器人能够在复杂的酒店环境中自如地执行任务，减少了人力资源的浪费。同时，机器人的应用也为客户提供了新颖的体验，提升了酒店的服务质量和客户满意度。

无人酒店利用数据分析技术实时监测客户需求和反馈，优化服务流程和提升客户满意度。通过对客户行为和偏好的分析，无人酒店可以快速调整服务策略，满足客户个性化的需求。数据分析不仅有助于提升客户的体验，还能够帮助酒店管理者识别运营中的问题并及时进行调整，从而提高整体运营效率。通过这种方式，无人酒店能够在激烈的市场竞争中保持优势。

通过智能化的房间管理系统，无人酒店能够实现能源管理和安全监控，降低运营成本并提高资源利用效率。智能化系统的应用，使酒店能够根据房间的使用情况自动调节能源消耗，减少浪费。此外，安全监控系统的集成，保证了酒店环境的安全性，为客户提供了安心的居住体验。这种全面的智能管理，不仅提升了酒店的运营效率，还增强了其在市场上的竞争力。

无人酒店的营销策略结合社交媒体和在线平台，吸引年轻消费者群体，增强品牌的市场竞争力。在数字时代，社交媒体和在线平台成为营销的重要渠道。无人酒店通过在这些平台上进行精准的市场推广，吸引了大量年轻消费者的关注。通过灵活的营销策略和创新的品牌形象，无人酒店成功地在市场中树立了自己的品牌，增强了市场竞争力，并为未来的发展奠定了坚实的基础。

（二）大数据驱动的客户画像与精准营销策略

大数据驱动的客户画像与精准营销策略在数字酒店业态中扮演着至关重要的角色。通过对海量数据的收集和分析，企业能够更准确地勾勒出客户的画像。这不仅包括客户的基本信息，还涵盖了他们的消费习惯、偏好以及潜在需求等方面的信息。借助这些信息，酒店可以制定更加精准的营销策略，以满足不同客户群体的个性化需求。大数据的应用使得这些策略不仅限于传统的市场营销，还扩展到了客户关系管理和服务创新等多个领域，推动了酒店行业的整体发展。

大数据分析技术在客户行为预测中的应用尤为显著。通过分析历史消费数据，酒店可以识别客户的偏好和需求变化。这种分析不仅能帮助企业预测客户的未来行为，还能在客户需求变化前进行调整，以提供更加个性化的服务。例如，通过对以往入住记录的分析，酒店可以提前为客户准备他们偏好的房间类型和设施，从而提升客户的入住体验。这种预测能力使酒店能够在激烈的市场竞争中占据优势地位，满足客户不断变化的需求。

利用客户画像构建精准的市场细分策略是数字酒店营销的核心。通过详细分析不同客户群体的特征，酒店可以制定个性化的营销方案，从而提升转化率。不同的客户群体有着不同的需求和期望，精准的市场细分策略可以帮助酒店在合适的时间向合适的客户提供合适的服务和产品。这种策略不仅提高了营销的效率，还提高了客户的满意度和忠诚度，为酒店带来了更高的收益。

通过实时数据监测客户互动和反馈，酒店可以及时调整营销策略，增强客户的参与感和忠诚度。实时数据监测使酒店能够迅速响应客户的需求和反馈，从而提高客户的满意度。例如，当客户在社交媒体上对酒店的服务进行评论时，酒店可以立即作出回应，解决客户的问题或感谢客户的反馈。这种即时的互动不仅提升了客户的体验，还提高了客户对酒店品牌的忠诚度。

整合多渠道数据，形成全面的客户视图，是理解客户旅程和决策过程的关键。通过整合来自不同渠道的数据，酒店可以获得更全面的客户信息。这种整合不仅包括在线数据，还涵盖了线下的互动信息。全面的客户视图帮助酒店更好地理解客户的旅程和决策过程，从而在客户旅程的各个阶段提供支持和服务。这种深入的理解使酒店能够在客户的整个旅程中提供一致的服务体验，提升客户的满意度。

运用数据可视化工具，酒店可以直观展示客户画像和市场趋势，辅助决策者制定更有效的营销计划。数据可视化工具通过将复杂的数据转化为易于理解的图表和图形，帮助决策者快速识别市场趋势和客户行为模式。这种直观的展示方式不仅提高了数据分析的效率，还使决策者能够更快速地作出明智的决策，优化酒店的营销策略和服务流程。这种数据驱动的决策方式使酒店在竞争激烈的市场中保持领先地位。

（三）元宇宙酒店与虚拟体验的场景化应用

在数字时代，餐旅行业正经历着一场深刻的变革，元宇宙酒店作为新兴业态，正在重新定义传统酒店的服务模式。元宇宙酒店与虚拟体验的场景化应用，是这一变革的核心所在。随着虚拟现实技术的不断进步，酒店可以为客户提供沉浸式的体验设计。通过这种设计，客户在预订前即可通过虚拟现实技术感受酒店的氛围和设施。这种身临其境的环境不仅提升了客户的选择满意度，也为酒店提供了展示其独特魅力的平台。

在元宇宙酒店中，虚拟现实中的社交互动功能是增强客户参与感的重要手段。客户可以在虚拟空间中与其他用户进行交流和互动，从而增强社群归属感。这种互动不仅限于文字交流，还可以通过虚拟形象进行面对面的沟通，模拟真实的社交场景。这种方式打破了时间和空间的限制，让客户能够在全球范围内结识志同道合的朋友，丰富了他们的住宿体验。

个性化服务是元宇宙酒店提升客户满意度的另一个关键方面。通过大数据分析，酒店能够深入了解客户的偏好，并据此提供定制化的虚拟体验和个性化的房间设置。这种个性化服务不仅体现在房间的布局和装饰上，还包括虚拟活动的安排和个性化的娱乐项目推荐。通过这种方式，客户能够享受到更贴心的服务，增加了对酒店的忠诚度。

元宇宙酒店中，虚拟导游和智能助手的应用为客户的虚拟住宿体验提供了极大便利。利用人工智能技术，这些虚拟助手可以为客户提供实时的信息和建议，帮助他们更好地规划和享受住宿体验。无论是推荐当地的虚拟景点，还是提供交通和餐饮的建议，智能助手都能做到即时响应，极大地提升了客户的满意度。

多元化的支付方式是元宇宙酒店在数字时代的一大亮点。通过引入虚拟货币和数字钱包，酒店简化了客户的消费流程。这种支付方式不仅提高了支付的安全性，也为客户提供了极大的便利，特别是在跨境支付的场景下，客户可以在无须兑换货币的情况下，轻松地完成支付，享受无缝衔接的消费体验。这种创新的支付方式也为酒店开辟了新的收入渠道，推动了整个行业的数字化进程。

三、共享经济

（一）共享厨房与餐饮众包平台的商业模式创新

在数字时代，餐旅行业的新业态不断涌现，共享经济为其注入了新的活力。共享厨房与餐饮众包平台作为这一领域的创新代表，通过商业模式的创新，正在重塑传统餐饮行业的格局。共享厨房通过整合多家餐饮企业的厨房资源，实现集中管理，这种资源整合模式不仅提高了设备的利用率，还有效地降低了运营成本。餐饮企业不再需要单独投资昂贵的厨房设备，而是可以通过共享的方式，最大化地利用现有资源。这种模式不仅为餐饮企业节省了成本，还提升了整体运营效率。

餐饮众包平台的灵活性是其另一大优势。它允许小型餐饮企业和个人厨师在平台上发布自己的菜品，打破了传统餐饮业的进入壁垒。这种灵活的发布机制为更多的餐饮创业者提供了机会，使他们能够以较低的成本进入市场。通过这种平台，消费者可以接触到更多元化的饮食选择，满足不同的口味和需求。这种模式不仅丰富了市场的供给，也推动了餐饮行业的创新与发展。

共享厨房与餐饮众包平台之间的协同效应也不容小觑。通过这种协同，食品供应链得到了优化，食材的采购和配送变得更加高效。这种优化不仅降低了供应链的成本，还提高了供应链的响应速度，使餐饮企业能够更快速地满足市场需求。此外，餐饮企业可以利用共享厨房模式快速测试市场反应，降低新菜品推出的风险和成本。通过共享厨房的试验性，企业可以在较短的时间内获取市场反馈，从而调整产品策略，提高市场竞争力。

共享厨房和餐饮众包平台为餐饮行业提供了创新的商业模式，推动了消费者对多样化饮食选择的需求和接受度。消费者在这种新模式下，不仅可以享受到更多样化的菜品选择，还能体验到更个性化的餐饮服务。这种模式的出现，不仅改变了消费者的饮食习惯，也推动了整个餐饮行业的变革与发展。在数字时代的背景下，共享经济正在以其独特的方式，重新定义餐旅行业的未来。

（二）民宿数字化管理与信用评价体系

随着数字时代的到来，餐旅行业正经历着深刻的变革，尤其是在共享经济的推动下，民宿行业的数字化管理与信用评价体系成为关注的焦点。民宿数字化管理平台的构建是这一转型的核心，通过整合房源信息、预订系统和客户服务，平台不仅提升了运营效率，还为消费者提供了更便捷的服务体验。这样的整合使得民宿经营者能够实时掌握市场动态，快速响应客户需求，进而在激烈的市场竞争中占据有利位置。

在数字化管理的框架下，基于数据分析的动态定价策略为民宿行业带来了新的盈利模式。通过对市场需求和竞争情况的实时分析，民宿可以灵活调整价格，以最大化收益。这样的策略不仅帮助民宿在淡季保持收益，还能在旺季通过合理的价格策略吸引更多的客户。此外，动态定价策略的应用也促进了资源的合理配置，避免了资源的浪费，使民宿的经营更加可持续发展。

信用评价体系的设计是民宿数字化管理的重要组成部分。结合用户反馈和历史数据，建立透明的评价机制，不仅增强了消费者的信任，还提高了服务质量。通过这样的体系，消费者可以更直观地了解民宿的真实情况，作出更明智的选择。同时，经营者也可以通过评价体系获取用户的真实反馈，进而不断地优化服务，提高客户的满意度。这种良性循环为民宿行业的健康发展奠定了基础。

客户关系管理(CRM)系统在民宿数字化管理中的应用也发挥了重要作用。通过 CRM 系统，民宿能够更好地管理客户信息，提升客户的满意度和忠诚度。系统化的客户管理不仅可以帮助民宿识别高价值客户，还能通过个性化的服务促进客户的复购率。这样的管理方式不仅提升了客户的体验，也为民宿带来了稳定的客户来源，增强了市场竞争力。

利用社交媒体和在线评论平台，民宿能够有效地增强品牌曝光度和市场竞争力。通过这些平台，民宿不仅可以与客户进行互动，还能通过用户生成的内容吸引更多的目标客户。社交媒体的广泛传播性使得民宿品牌能够在短时间内获得大量关注，而在线评论则为潜在客户提供了重要的决策依据。通过这种方式，民宿行业能够在数字时代的浪潮中迅速崛起，占据一席之地。

（三）共享旅游服务平台的资源整合逻辑

在数字化时代，共享旅游服务平台的发展成为餐旅行业的重要组成部分，其资源整合逻辑在提升旅游产品可获取性和满足消费者多样化需求方面发挥了关键作用。这些平台通过整合多方资源，使得旅游产品不再局限于传统的获取渠道，消费者可以通过平台获得丰富多样的旅游体验。这种资源整合逻辑不仅拓宽了旅游产品的获取途径，还使得各类旅游服务更加触手可及，满足了消费者对个性化和多样化旅游体验的需求。

共享旅游服务平台的一个显著特点在于其利用大数据分析能力，实时监控用户偏好，进而优化资源配置。这种数据驱动的策略确保了服务的个性化和精准化，平台能够根据用户的历史行为和偏好，推荐最适合的旅游产品和服务。这种精准的资源配置不仅提高了用户的满意度，也提高了平台的运营效率，为平台创造了更大的市场竞争优势。

共享旅游服务平台通过促进不同服务提供商之间的合作，形成了一个良性的生态系统。这种合作关系有助于提升整体服务质量，各类服务提供商在平台的协调下，能够更好地满足消费者的需求。通过这种合作机制，平台不仅提升了服务的质量，还促进了旅游行业的创新与发展，为行业带来了新的活力和机遇。

共享旅游服务平台还通过建立信用评价体系，增强了用户对服务质量的信任。这种评价体系使用户能够对服务进行反馈，平台根据这些反馈不断地优化服务质量。信用评价的透明性和公正性提升了用户的参与感和忠诚度，用户在享受优质服务的同时，也成为平台发展的重要推动力。

共享旅游服务平台的资源整合逻辑不仅推动了旅游行业的创新与发展，还显著地提升了市场竞争力和运营效率。通过整合多方资源、优化资源配置和促进合作，平台在满足消费者需求的同时，也为自身创造了可持续发展的动力。这种资源整合逻辑为旅游行业的未来发展提供了新的思路和方向，成为数字时代餐旅行业发展的重要驱动力。

四、绿色科技

（一）碳足迹追踪与绿色餐饮的数字化解决方案

碳足迹追踪与绿色餐饮的数字化解决方案在现代餐旅行业中扮演着至关重要的角色。数字技术的进步使得企业能够更加精确地追踪其运作过程中的碳排放量。这一过程通常涉及数据的全面采集、深入分析以及详细的报告生成。通过这些步骤，企业能够识别出运营中各环节的碳排放源，从而制定出更有效的减排策略。这不仅有助于企业实现可持续发展的目标，也为其在市场竞争中增添了绿色的竞争力。

绿色餐饮的数字化管理工具则为餐饮企业提供了强大的支持，特别是在食材采购与使用的可追溯性方面。现代软件系统能够记录和分析从采购到使用的每个环节的数据，确保食材的来源和使用过程透明化。这种透明性不仅提升了企业的管理效率，还增强了消费者对企业绿色承诺的信任。此外，这些工具还能帮助企业优化库存管理，减少浪费，从而进一步降低运营成本和环境影响。

区块链技术在确保餐饮供应链透明性方面发挥着重要作用。通过区块链，供应链的每个环节都可以被记录和验证，确保信息的真实性和不可篡改性。这种透明性不仅提升了消费者对绿色餐饮的信任，也为企业在市场中建立了良好的声誉。消费者可以通过区块链技术追溯到每份食材的来源和处理过程，从而更加放心地选择绿色餐饮产品。

智能化系统在餐饮行业中的应用，为实时监测和优化能源消耗与废物管理提供了可能。这些系统通过传感器和物联网技术，能够实时收集运营过程中产生的数据，并进行分析和优化。例如，通过智能化系统，企业可以实时调整能源使用，减少不必要的消耗，同时，优化废物管理流程，减轻环境负担。这种技术的应用不仅能有效地降低运营成本，还能显著地提升企业的环保形象。

基于大数据分析的碳足迹计算模型，为餐饮企业制定科学的环保策略提供了坚实的基础。这些模型通过对大量数据的分析，能够识别出企业运营中碳排放的主要来源，并提供相应的优化建议。企业可以根据这些建议，调整运营策略，以实现更高效的碳减排目标。大数据分析不仅提高了企业在环保方面的决策能力，也使其在应对未来环保政策变化时更具有灵活性和适应性。

（二）智能能源管理系统在酒店运营中的应用

智能能源管理系统在现代酒店运营中扮演着至关重要的角色。它通过实时监测酒店内的能源使用情况，为管理者提供精确的数据支持，帮助识别高能耗区域。这一系统的实施不仅有助于节省能源，还能显著降低运营成本。通过对能耗数据的分析，酒店管理者可以制定针对性的节能措施，从而实现更高效的资源利用。这种系统化的能源管理是酒店行业迈向可持续发展的重要一步，体现了数字时代酒店运营的智能化趋势。

智能能源管理系统的另一个关键功能是其自动调节能力。系统可以根据酒店客房的入住情况，动态调整空调、照明等设备的运行状态。这种智能调节不仅优化了能源消耗，还提升了酒店的整体运营效率。例如，当客房无人入住时，系统会自动降低空调的功率或关闭不必要的照明，以减少能源浪费。这种灵活的能源管理方式，体现了数字技术在酒店运营中的深度应用，为酒店提供了显著的经济效益。

智能能源管理系统还集成了可再生能源的使用，如太阳能和风能。这种集成不仅使酒店能够利用清洁能源，降低对传统能源的依赖，还能帮助酒店实现其绿色运营目标。通过将可再生能源纳入日常运营，酒店不仅提升了自身的环保形象，也在一定程度上响应了全球对可持续发展的呼吁。这种创新的能源管理方式，标志着酒店行业在数字化转型中的重要进展。

智能能源管理系统提供的数据分析功能也是其核心优势。通过对能源消耗数据的分析，系统能够生成详细的报告，帮助酒店管理层进行战略决策和资源配置。这种数据驱动的管理方式，使酒店在运营过程中更具有前瞻性和精准性。管理者可以根据数据分析结果，优化资源分配，提高酒店的整体运营效率。这种基于数据的决策模式，是数字时代酒店管理的一大特色。

智能能源管理系统通过与物联网设备的连接，实现了远程控制和实时反馈。这一功能不仅提升了酒店的管理效率，也极大地改善了客户的入住体验。通过实时调整客房的环境参数，系统能够为客户提供更加舒适的居住环境，提升客户的满意度。这种以客户体验为中心的智能化服务模式，反映了现代酒店在数字时代下的服务创新，是提升酒店竞争力的重要手段。

（三）数字技术驱动的餐旅行业循环经济模式

数字技术正在深刻地改变餐旅行业的传统运作模式，特别是在循环经济模式中的应用。餐旅行业通过实时监测和数据分析，能够更高效地优化资源利用，减少浪费。实时监测技术使得餐旅企业可以精确跟踪库存和资源消耗情况，从而在供应链管理中作出更加灵活和有效的决策。这种技术的应用不仅降低了成本，还减轻了对环境的负担，符合可持续发展的要求。数据分析则为餐旅企业提供了重要的见解，帮助企业识别出资源浪费的关键环节，并提出了改进方案。

区块链技术在餐旅行业循环经济模式中的应用，主要体现在供应链的透明性上。通过区块链，供应链的每个环节都可以被记录和追踪，使消费者能够清楚地了解产品从原材料采购到最终消费的全过程。这种透明性不仅提高了消费者对餐旅企业的信任度，还鼓励他们积极参与到循环经济模式中。区块链技术的引入也减少了假冒伪劣产品的流通，保障了消费者的权益，同时推动了整个行业的健康发展。

智能化系统的引入为餐旅企业在能源管理和废物处理上带来了显著的效率提升。这些系统能够自动调节能源的使用，根据实际需求调整电力和水资源的消耗，从而实现节能减排。此外，智能废物处理系统可以对垃圾进行分类和处理，减少对环境的污染。这些智能化措施不仅帮助企业实现了可持续运营，还提升了企业的社会责任感和公众形象。

共享经济模式在餐旅行业的应用，为闲置资源的整合提供了新思路。餐旅企业通过共享经济平台，可以将闲置的设备、空间和人力资源进行有效的整合和利用，从而减少资源浪费，降低运营成本。这种模式不仅促进了资源的高效利用，还为企业创造了新的收入来源，推动了循环经济的发展。共享经济的灵活性和创新性，使餐旅企业能够快速适应市场变化，提高竞争力。

大数据分析在餐旅行业循环经济策略的制定中，扮演着决策支持的重要角色。通过对海量数据的分析，餐旅企业可以洞察市场趋势、消费者行为和资源使用情况，从而制定出更加科学和有效的循环经济策略。这些策略不仅帮助企业提升了整体竞争力，还为企业的长期可持续发展奠定了坚实的基础。大数据分析的精准性和前瞻性，使得餐旅企业能够在激烈的市场竞争中保持领先地位。

第三节　数字时代餐旅行业人才需求变化

一、复合型技能需求

（一）数字化工具操作能力与行业知识的双重标准

在数字化转型的推动下，餐旅行业对人才的需求标准发生了显著变化，尤其体现在数字化工具操作能力与行业知识的双重标准上。数字化工具的基本操作技能已成为从业者的必备能力，包括对各类软件的熟练使用、数据的准确输入与处理等基本能力。这些技能不仅提高了工作效率，还使从业者能够更好地适应现代化的工作环境。此外，行业知识的掌握同样重要，涉及餐旅行业的运营模式、市场趋势及客户需求等关键要素。通过对这些知识的了解，员工可以更好地理解行业的动态和客户的期望，从而在提供服务时更加精准和高效。

数字化工具的操作能力不仅限于基本技能，还包括数据分析能力。能否通过分析数据来优化决策、提升服务质量和客户体验，已成为衡量从业者能力的重要标准。在这个数据驱动的时代，餐旅行业的成功越来越依赖对数据的敏锐洞察和合理运用。数据分析能力使得从业者能够从海量信息中提取有价值的见解，从而在竞争中占据优势。

跨平台的数字工具使用能力也是现代餐旅行业从业者需要具备的技能。随着技术的不断更新，能够在不同的数字平台上灵活应用相关工具进行工作，成为提升工作效率和服务水平的关键。这种能力不仅要求对各类平台的熟悉，还需要在不同环境中快速适应和切换的灵活性。这种灵活性可以帮助从业者在多变的市场环境中保持竞争力。

持续学习的能力是适应快速变化的技术环境的关键。餐旅行业的技术和工具更新速度极快，从业者需要保持对新兴工具和行业动态的敏感性，以便在技术革新中不被淘汰。持续学习不仅是个人职业发展的需要，也是企业在激烈市场竞争中保持领先地位的保障。通过不断学习和适应，员工可以为企业带来更多的创新和价值。

（二）跨部门协作与项目管理能力的核心地位

在数字时代，餐旅行业对人才的需求出现了显著的变化，尤其是对复合型技能的要求越发重要。其中，跨部门协作与项目管理能力被视为核心竞争力。这两项能力不仅仅是个人职业发展的关键，同时也是企业提升运营效率和创新能力的基础。跨部门协作能够有效地提高信息共享和团队沟通效率，从而加快项目进展和决策速度。在餐旅行业中，信息的快速流动和准确传递是确保服务质量和客户满意度的关键，因此，跨部门协作成为不可或缺的能力。

项目管理能力在餐旅行业中同样占据重要地位。有效的项目管理能够帮助从业者合理规划资源，确保项目按时、按预算完成。餐旅行业的运营涉及多个环节的紧密配合，从采购、生产到服务，每个环节的高效管理都直接影响整体运营效率。通过项目管理能力的应用，企业能够优化流程，减少资源浪费，提高服务水平和客户体验。此外，项目管理能力还可以帮助企业在动态市场环境中灵活应对变化，及时调整策略以满足不断变化的客户需求。

跨部门协作不仅有助于提升运营效率，还能激发创新思维。在餐旅行业中，创新是推动业务发展的重要动力。通过不同专业背景的团队成员共同解决复杂问题，企业能够获得多元化的解决方案和创新思路。这种协作模式不仅促进了业务创新，也为企业在竞争激烈的市场中赢得了更多的机会。跨部门协作还培养了团队成员的综合素质，使他们能够在多元化的工作环境中适应不同角色与职责，提升职业竞争力。

项目管理能力的培养使餐旅企业能够在快速变化的市场环境中保持竞争优势。面对瞬息万变的市场需求，项目管理能力使企业能够及时调整策略，优化资源配置，确保企业在市场中占据有利地位。这种灵活应对变化的能力是企业可持续发展的重要保障。通过项目管理，企业不仅能够提高运营效率，还能在激烈的市场竞争中保持创新活力，满足客户的多样化需求。跨部门协作与项目管理能力的结合，使餐旅行业从业者具备了应对复杂市场环境的综合能力，为企业的长远发展奠定了坚实的基础。

（三）用户运营与数据驱动决策的复合型人才画像

在数字时代，餐旅行业对人才的需求发生了显著变化，尤其是在用户运营与数据驱动决策方面。用户运营的核心在于深刻理解客户的需求，通过数据分析识别用户的行为和偏好，从而制定出个性化的营销策略。这一过程不仅需要对数据的敏锐洞察，还要求运营者能够从大量数据中提炼出有价值的信息，以便更好地服务于客户。用户运营人才需要具备跨领域的知识，能够将市场营销与数据分析相结合，为企业创造更高的客户价值。

数据驱动决策是现代餐旅行业不可或缺的一部分，要求人才具备将复杂数据转化为可操作见解的能力。这种能力不仅仅是对数据的简单读取和分析，更在于如何将数据转化为能够支持业务目标实现的战略行动。复合型人才在这一过程中扮演着关键角色，他们需要通过数据分析工具和技术，将市场趋势和用户需求转化为企业的战略方向。这种数据与决策的紧密结合，使企业能够在竞争激烈的市场中保持领先地位。

复合型人才的培养需要掌握多种数据分析工具和技术，能够灵活运用这些工具进行用户画像的构建与分析。用户画像的精确构建是实现个性化服务的基础，它能够帮助企业更好地理解客户，进而提供更精准的产品和服务。优秀的运营人才不仅需要技术能力，还需要具备良好的沟通能力，能够与不同部门协作，共同推动用户体验的提升。跨部门的协作能够使企业在用户体验的各个环节中保持一致性和高效性。

在快速变化的市场环境中，复合型人才须具备敏锐的市场洞察力，能够及时调整运营策略以应对用户需求的变化。市场环境的变化往往是不可预测的，这要求人才不仅要具备快速学习和适应的能力，还要能够预见市场的变化趋势。通过对市场的深入分析和研究，复合型人才能够在变化中找到新的机遇，帮助企业在激烈的市场竞争中保持优势。这样的能力对于企业的长期发展具有重要意义，同时也对餐旅行业的人才培养提出了新的挑战和要求。

二、数据分析与算法思维

（一）数据挖掘与消费者行为预测的技能要求

在数字时代，餐旅行业对人才的要求不断变化，尤其是在数据分析与算法思维方面。数据挖掘与消费者行为预测已成为关键技能，因为企业需要从大规模客户数据中提取有价值的信息。掌握数据挖掘工具和技术至关重要，不仅包括对数据的高效提取和处理，还涉及对数据质量的评估和清洗。通过这些技能，企业能够更好地理解客户行为，从而提升服务质量和客户满意度。

理解消费者行为模型是数据分析中的另一重要方面。通过建立和应用这些模型，企业可以基于数据分析预测客户的购买意图和偏好变化。这种能力使企业能够提前识别市场机会和潜在风险，进而调整其营销策略和产品设计。随着市场竞争的加剧，能够精准预测消费者行为的企业将占据更大的市场份额，并在行业中保持竞争优势。

此外，具备使用统计学方法分析数据的能力也是不可或缺的。通过统计分析，企业能够识别市场趋势和消费者需求的变化。这种分析不仅仅依赖历史数据，还需要结合实时数据进行动态调整。通过识别和理解这些趋势，企业可以制定更精准的市场策略，确保其产品和服务能够满足不断变化的消费者需求。

设计和实施用户调研是获取消费者洞察的有效方法。结合定量与定性数据，企业能够获得更全面的消费者洞察。这种方法不仅有助于理解消费者的表面需求，还能深入挖掘其潜在的购买动机和行为习惯。通过这种全方位的分析，企业能够开发出更符合消费者期望的产品和服务，从而提升市场竞争力。

熟悉数据可视化工具也是数据分析与决策制定的重要组成部分。其能够将复杂数据转化为易于理解的可视化报告，不仅能够帮助企业内部进行有效的沟通，还能在决策制定过程中提供强有力的支持。通过可视化工具，企业管理者可以直观地看到数据背后的趋势和模式，从而作出更明智的商业决策，推动企业的可持续发展。

（二）算法优化与业务场景结合的实践能力

在数字时代，餐旅行业对人才的需求已发生了显著变化，尤其是在数据分析与算法思维方面。具备算法优化与业务场景结合的实践能力已成为行业的核心要求。掌握算法设计的基本原理是关键，能够根据具体业务需求制定优化方案，是确保企业在激烈市场竞争中保持领先地位的重要手段。通过对业务需求的深入理解，人才能够设计出符合企业实际情况的算法优化方案，从而提升效率和客户满意度。

将算法应用于实际业务场景的能力是不可或缺的。通过模拟和测试，验证算法在真实环境中的效果，确保其可行性和有效性，是算法应用的关键步骤。

模拟测试不仅能够帮助识别潜在问题，还能为算法的进一步优化提供数据支持。因此，餐旅行业人才须具备强大的实践能力，能够在动态变化的市场环境中灵活应用算法技术。

理解不同算法在特定业务场景中的适用性，是实现问题解决的基础。餐旅行业涉及的业务场景多样，不同算法在不同场景中的表现各异。因此，人才需要具备选择最优算法的能力，以确保在特定业务场景中实现最佳效果。这不仅需要对算法的深入理解，还需要对业务场景的全面把握，以便在复杂环境中作出明智的决策。

将算法输出与业务指标相结合的能力，对于评估算法在实际应用中的效果和价值至关重要。餐旅行业的业务指标通常包括客户满意度、运营效率、成本控制等。通过将算法优化的结果与这些指标相结合，企业能够更准确地评估算法的实际贡献，并据此做出数据驱动的业务决策。这一过程需要人才具备较强的分析能力和业务理解力。

能够与跨部门团队协作，将算法优化的结果转化为可执行的业务策略和决策支持，是餐旅行业人才的核心竞争力。算法优化往往涉及多个部门的协同工作，要求人才具备良好的沟通能力和团队合作精神。通过有效的团队协作，算法优化的结果可以更好地服务于企业的整体战略目标，实现业务价值的最大化。

（三）数据可视化与决策支持系统的应用能力

数据可视化与决策支持系统的应用能力在数字时代餐旅行业中变得尤为重要，不仅要求从业者能够熟练使用各种数据可视化工具，还需具备选择和应用合适可视化软件的能力，以满足不同业务需求和数据类型的要求。餐旅行业的数据类型多样，包括客户反馈、市场趋势、库存管理等，因此，选择合适的工具至关重要。通过对数据的图形化处理，管理者能够更直观地理解复杂的数据分析结果，从而作出更明智的决策。

在数据分析结果的可视化表达技巧方面，餐旅行业的从业者需要将复杂的数据分析结果转化为易于理解的图表和图形。这不仅涉及对数据的准确解读，还要求从业者具备良好的沟通能力，以便将分析结果清晰地传达给其他决策者。有效的可视化表达能够帮助管理层迅速抓住关键问题，识别潜在的市场机会和风险，从而提高企业的竞争力和市场响应速度。

实时数据监控与可视化是现代餐旅行业决策支持系统的重要组成部分。通过动态仪表盘，管理者可以实时监控关键业务指标，如客流量、销售额、库存水平等。这种实时监控能力支持快速决策，帮助企业在竞争激烈的市场环境中保持灵活性和敏捷性。动态仪表盘不仅提供了数据的实时更新，还允许用户自定义监控指标，以便更好地满足企业的特定需求。

数据可视化与用户体验设计的结合也是提升用户对数据理解和使用效率的重要手段。在餐旅行业，设计直观的可视化界面能够帮助用户快速获取所需信息，提高工作效率。良好的用户体验设计不仅能提升数据的可读性，还能增强用户的参与感和满意度。通过优化用户界面和交互设计，企业可以更有效地利用数据资源，促进业务的可持续发展。

决策支持系统的集成与优化是提高业务决策科学性和准确性的关键。通过将数据可视化与决策支持工具结合，企业能够在复杂的市场环境中作出更精准的战略决策。这种集成不仅提高了数据分析的深度和广度，还增强了企业对市场变化的适应能力。优化决策支持系统的流程和功能，能够帮助企业在数据驱动的商业环境中保持竞争优势。

三、全球化视野与跨文化沟通能力

（一）跨国企业数字化运营中的文化适配策略

在数字时代，餐旅行业的跨国企业面临着前所未有的挑战和机遇。文化适配策略成为这些企业成功数字化运营的关键。跨国企业在进入不同市场时，必须充分考虑当地的文化背景，以调整数字化产品的界面设计。这不仅涉及视觉上的美观，更关乎用户体验的优化。通过研究和理解当地用户的审美和使用习惯，企业能够设计出更贴合市场需求的产品，从而提高用户的满意度和忠诚度。

数字化营销策略的设计同样需要深度融合当地文化元素。跨国企业在品牌传播过程中，应巧妙地运用本土语言和符号，增强品牌的亲和力和认同感。这种策略不仅能有效地吸引消费者的注意力，还能够在潜移默化中提升品牌形象。通过与当地文化的深度结合，企业能够在全球化的市场中保持竞争优势，并实现品牌的长远发展。

多元化团队的建设对于跨国企业的数字化运营至关重要。通过吸纳来自不同文化背景的员工参与数字化项目，企业能够激发创新思维，提高团队的适应性。这种多元化不仅促进了企业内部的文化交流，也为企业在不同市场中的运营提供了宝贵的视角和经验。通过多元化团队的协作，企业能够更好地应对市场变化，并在全球化的背景下实现可持续发展。

在数字化培训方面，跨国企业需要结合当地文化和市场特点，设计相应的培训内容。这不仅有助于提升员工的数字技能，也增强了他们的文化适应能力。通过有针对性的培训，企业能够确保员工在不同市场中有效地开展工作，并为企业的全球化战略提供强有力的支持。培训内容的本地化设计，也体现了企业对当地文化的尊重和理解。

跨国企业在数字化运营中，还需建立有效的反馈机制。通过定期收集当地用户对数字化服务的意见，企业能够及时优化和调整服务策略，以更好地满足市场需求。这种反馈机制不仅有助于提升用户体验，也为企业的产品和服务提供了持续改进的方向。通过积极倾听用户的声音，企业能够在竞争激烈的市场中保持灵活性和创新力，实现长远发展。

（二）多语言服务与本地化运营的复合型需求

在数字时代，餐旅行业面临着全球化带来的挑战与机遇，其中多语言服务与本地化运营的复合型需求尤为重要。多语言服务的必要性体现在能够满足不同文化背景消费者的需求，提升客户满意度与忠诚度。随着国际旅游业的蓬勃发展，来自世界各地的游客数量不断增加，他们的语言需求多样且复杂。因此，餐旅企业需要配备具备多语言能力的员工，以便在服务过程中消除语言障碍，提供更贴心的服务体验。这不仅有助于提升客户的满意度，还能在激烈的市场竞争中建立良好的口碑与客户忠诚度。

本地化运营策略的实施是餐旅企业在全球化背景下取得成功的关键。通过深入研究和理解当地市场的文化和习惯，餐旅企业能够调整其产品和服务，以更好地契合当地消费者的期望。例如，菜单的设计可以融入当地的饮食习惯和风味元素，而服务流程则可以根据本地的文化礼仪进行调整。这样的本地化策略不仅有助于提高客户的接受度和满意度，还能增强企业在当地市场的竞争力和品牌影响力。

跨文化沟通能力的培养对餐旅企业的员工至关重要。具备这种能力的员工能够更好地理解和满足多样化客户群体的期望与需求。在多元文化交织的环境中，员工需要具备敏锐的文化意识和灵活的沟通技巧，以便在服务中有效地传达信息并解决潜在的文化冲突。此外，跨文化沟通能力的提升还能够促进员工之间的协作与交流，形成更具有凝聚力和创造力的团队氛围。

多语言客服系统的建立是提升客户咨询和反馈响应速度的重要手段。通过引入先进的多语言技术，餐旅企业可以实现全天候的客户服务支持，确保无论客户使用何种语言，都能得到及时而准确的回复。这不仅提升了用户体验，还增强了企业的服务效率和专业形象。此外，多语言客服系统的运用还能够收集和分析来自不同语言背景的客户反馈，帮助企业更全面地了解市场需求和趋势。

通过本地化内容营销，餐旅企业可以有效提升品牌在当地市场的认知度和吸引力，进而促进销售增长。内容营销的本地化不仅体现在语言的翻译上，还体现在文化的理解和表达上。企业需要根据当地消费者的兴趣和偏好，制作具有吸引力的营销内容，从而增强品牌的亲和力和影响力。例如，通过社交媒体平台发布与当地节庆或热点事件相关的内容，可以有效地吸引目标客户的关注，提升品牌的市场渗透率和销售业绩。

（三）数字技术驱动的全球供应链协同能力

数字技术驱动的全球供应链协同能力在现代餐旅行业中扮演着关键角色。随着全球化的加速，供应链的复杂性不断增加，传统的管理方式已无法满足市场需求。数字技术的引入提升了供应链的透明度，通过实时数据共享和监控，各环节之间的协作与信任显著增强。餐旅企业可以利用这些技术手段，确保从原材料采购到最终产品交付的每个环节都在可控范围内运作，从而提高运营效率和客户满意度。

云计算和物联网技术的结合，为供应链的动态管理提供了新的可能。通过这些技术，企业能够实现对库存、物流和生产过程的实时监控和管理，优化资源配置和响应速度，以适应市场的快速变化。尤其是在餐旅行业，消费者需求的多样化和即时性要求供应链具有高度的灵活性和敏捷性。云计算的强大数据处理能力和物联网的实时信息获取功能，使企业能够在复杂的市场环境中保持竞争优势。

大数据分析的应用也在不断地改变供应链管理的格局。通过对大量历史数据和实时数据的分析，企业可以更准确地预测市场需求，识别潜在的供应链风险，从而提高决策的科学性和准确性。这种数据驱动的决策方式不仅有助于降低运营成本，还能提升企业的市场响应速度和服务质量。在餐旅行业，大数据分析的应用使企业能够更好地理解消费者的行为和偏好，进而提供更加个性化的服务。

跨境电商平台的数字化工具为国际供应链的整合与协同提供了新的解决方

案。这些工具能够简化复杂的跨国交易流程，提升交易效率，降低运营成本。通过数字化手段，餐旅企业能够更便捷地进入国际市场，拓展业务版图。此外，数字化工具的应用也促进了国际信息流通和资源共享，为企业在全球市场上的竞争提供了有力的支持。

区块链技术在供应链中的应用为交易的安全性与可追溯性提供了保障。区块链的去中心化和不可篡改特性，使得每笔交易都可以被追溯和验证，从而提升消费者对产品来源的信任。在餐旅行业，消费者对食品安全和产品质量的关注日益增加，区块链技术的应用不仅提高了供应链的透明度，还增强了消费者的信任感，为企业赢得了更多的市场机会。

第二章　数字技术驱动的餐旅人才培养模式

第一节　大数据分析在人才需求预测中的应用

一、行业数据驱动的餐旅人才需求画像

（一）餐饮企业岗位需求特征的大数据挖掘

在数字时代，餐饮企业的岗位需求特征通过大数据挖掘得到了更精准的描述。大数据分析技术的应用使得我们能够识别餐饮行业中各类岗位的技能要求，为人才培养提供了精准的依据。通过对海量招聘数据的分析，我们可以清晰地看到不同岗位对技能的具体要求，不仅包括传统的烹饪和服务技能，还涵盖了对现代科技应用能力的需求，如数据分析能力和信息技术使用能力。这一分析结果为教育机构在课程设计和人才培养方案的制定上提供了重要的参考，使培养出的人才能够更好地适应行业发展的需要。

分析餐饮企业的招聘数据，还可以揭示岗位需求的变化趋势，这对于教育机构调整课程设置具有重要意义。随着餐饮行业的快速发展和消费者需求的不断变化，企业对人才的需求也在不断演变。通过对招聘数据的时间序列分析，我们能够发现某些岗位需求的增长或减少趋势，进而指导教育机构及时调整课程内容和教学重点，以确保学生在毕业时具备行业所需的最新技能。这种动态调整机制有助于提升教育的针对性和实效性，使得毕业生能够更快地融入职场，实现就业。

利用大数据挖掘技术，我们还能够分析餐饮行业中各岗位的薪资水平和职业发展路径。这一信息对于指导学生选择职业方向具有重要作用。通过对薪资数据的分析，学生可以了解不同岗位的收入水平，做出更符合自身期望的职业选择。同时，职业发展路径的分析可以帮助学生明确未来的职业进阶方向，制定合理的职业规划。这种基于数据的职业指导能够有效地提升学生的职业满意度和发展潜力，为餐饮行业输送更加稳定和高质量的人才。

通过行业数据分析，我们还可以深入了解餐饮企业对软技能和硬技能的不

同需求，并据此优化人才培养方案。餐饮行业不仅需要员工具备扎实的专业技能，还要求他们具备出色的沟通能力、团队合作精神和客户服务意识等软技能。大数据分析为我们提供了一个全面了解企业需求的视角，使我们能够在人才培养中更加注重软技能的培养，提升学生的综合素质。这种全面的人才培养模式将有助于满足餐饮企业的多样化需求，促进行业的可持续发展。

（二）旅游市场趋势对人才技能要求的预测模型

旅游市场的趋势不断变化，对从业人员的技能要求也在随之演变。通过大数据分析，可以构建旅游市场趋势对人才技能要求的预测模型，更好地指导人才培养。当前，旅游市场对数字化服务技能的需求日益增长。从业人员需要熟练掌握在线预订系统、客户关系管理软件以及数据分析工具。数字化技术的广泛应用，不仅提高了服务效率，也增强了客户体验。因此，培养能够熟练使用这些工具的人才，成为餐旅行业教育的当务之急。通过对市场数据的分析，教育机构可以更好地调整课程设置，确保学生在毕业时具备市场所需的技能。

随着全球化的发展，旅游市场的客户群体日益多样化，对从业人员的跨文化沟通和个性化服务能力提出了更高的要求。未来的从业人员需要具备理解和适应不同文化背景客户需求的能力。通过大数据分析，可以预测不同客户群体的期望和需求，从而指导人才培养的方向。教育机构可以通过模拟真实场景和跨文化交流活动，提升学生的沟通能力和服务意识。这种能力不仅有助于提升客户满意度，也为企业在竞争激烈的市场中赢得优势。

绿色旅游和可持续发展理念的影响日益显著，未来的旅游从业人员需要具备环境保护和可持续经营的相关知识与技能。大数据分析可以帮助识别市场对绿色旅游的需求趋势，从而指导教育机构在课程中融入可持续发展的内容。通过对成功案例的分析，学生可以学习如何在实际工作中运用这些理念。培养具备可持续发展意识的人才，不仅有助于企业履行社会责任，也符合全球旅游市场的长期发展趋势。

智能化技术在旅游行业的应用日益广泛，未来，从业人员需掌握人工智能、物联网等新兴技术，以提升服务效率和客户体验。通过大数据分析，可以预测这些技术的应用趋势，指导教育机构在课程中加入相关内容。学生需要在实践中学习如何利用智能化技术优化服务流程，提高客户满意度。通过案例分析，学生可以了解智能化技术在不同场景中的应用效果，为未来的职业生涯做好准备。培养具备智能化技术应用能力的人才，将为企业在数字化转型中提供强有力的支持。

二、基于机器学习的人才供需匹配算法

（一）深度学习在预测酒店管理人才缺口中的应用

深度学习技术在预测酒店管理人才缺口中扮演着至关重要的角色。通过对大量历史招聘数据的分析，深度学习算法能够识别出酒店管理领域的技能缺口和人才短缺的具体岗位。这种分析不仅限于识别当前的需求，还能通过对数据的深入挖掘，揭示出潜在的趋势和变化。这种能力对于酒店行业来说尤为重要，因为它能够帮助企业提前识别未来的人才需求，从而在竞争激烈的市场中占据优势地位。深度学习的应用不仅提高了预测的准确性，还为酒店管理的战略规划提供了数据支持。

利用深度学习模型，教育机构可以实时监测行业动态，预测未来酒店管理人才需求的变化趋势。这一能力使教育机构能够及时调整课程内容，以确保学生在毕业时具备市场所需的技能。通过对行业需求的实时监控，教育机构可以动态更新课程设置，确保其与行业发展的步调一致。这种实时调整不仅提高了教育的针对性，还提升了学生的就业竞争力。深度学习模型的应用，使教育机构在人才培养的过程中拥有了更加科学和精准的方法论。

深度学习技术的优势在于其能够整合多维度的数据，如市场需求、行业发展和职业技能要求。这种数据整合能力使得教育机构可以构建更精准的人才供需匹配系统。通过对多源数据的分析，深度学习模型可以识别出行业对不同技能的需求强度，以及这些技能在未来发展的潜力。这种多维度的数据分析不仅提高了人才培养的精准性，还为教育机构制定长远的人才培养战略提供了重要依据。

通过深度学习模型的反馈机制，教育机构能够更有效地评估学生的学习成果与行业需求的契合度。这种评估机制不仅能够帮助教育机构优化人才培养方案，还能为学生提供更加个性化的学习建议。通过对学习成果的量化分析，教育机构可以识别出学生在学习过程中存在的不足，并及时进行调整。深度学习的反馈机制为教育机构提供了一种新的视角，使其能够在人才培养的过程中更加注重个体差异，提升教育质量。

（二）聚类分析识别餐饮业新兴岗位技能需求

聚类分析作为数据挖掘的重要方法，在识别餐饮业新兴岗位技能需求方面展现出巨大的潜力。通过对大量餐饮企业招聘数据的分析，聚类方法能够有效地将岗位进行分类，并识别出每类别岗位所需的具体技能组合。这一过程不仅涉及对硬技能的评估，如烹饪技术、食品安全管理等，还包括对软技能的识别，如团队合作能力、客户服务技巧等。通过这种多维度的技能识别，教育机构可以据此调整课程设计，确保培养出的人才能够更好地适应不断变化的市场需求。

聚类分析在餐饮行业中的应用，不仅限于识别技能需求，还能够揭示不同岗位之间的技能差异。这种分析能够帮助教育机构更深入地了解哪些技能在某些岗位中占据主导地位，哪些技能在其他岗位中则相对次要。通过这种方式，教育机构可以有针对性地开发和调整课程内容，以培养出更具竞争力的毕业生。同时，这种技能差异的识别也为学生提供了清晰的职业发展路径，使他们能够更好地规划自己的职业生涯。

在特定区域或市场中，餐饮岗位的技能需求可能会因地域差异而有所不同。聚类分析可以揭示这些差异，帮助教育机构优化其人才培养计划的地域适应性。例如，在旅游业发达的地区，餐饮岗位可能更注重外语能力和跨文化交际能力，而在其他地区，可能更强调本地食材的使用和传统烹饪技艺。通过聚类分析，教育机构能够根据不同地区的需求调整课程设置，从而提高毕业生的就业竞争力。

聚类分析不仅能识别现有的技能需求，还可以揭示行业内的技能缺口。通过分析招聘数据，可以发现哪些技能在市场上供不应求，进而促使教育机构与企业建立更紧密的合作关系。这样的合作关系能够确保教育机构的课程内容始终与行业需求保持一致，同时也为企业提供了源源不断的合格人才。这种双赢的局面，有助于推动整个餐饮行业的人才培养和发展，为行业的长远发展奠定坚实的基础。

三、大数据支撑的餐旅人才职业发展路径规划

（一）职业晋升轨迹的关联规则挖掘

职业晋升轨迹的关联规则挖掘在餐旅行业的职业发展路径规划中扮演着关键角色。通过分析不同岗位之间的技能转移关系，教育机构可以设计出更具针

对性的课程，支持学生的职业发展。这一过程不仅涉及对现有岗位技能需求的分析，还包括对未来行业发展趋势的预测。教育机构需要结合大数据分析的结果，调整课程内容，以确保学生在毕业时具备市场所需的核心能力。通过这样的规划，学生不仅能够在职业生涯初期获得竞争优势，还能在职业发展过程中持续提升自身的专业技能。

通过挖掘职业晋升轨迹的关联规则，能够识别出成功从业者的共同特征，为学生在技能和经验积累上提供明确的指导方向。成功的职业发展往往与特定的技能组合和经验积累密切相关。大数据分析可以帮助识别这些关键因素，使学生在学习过程中更有针对性地提升自身能力。例如，某些岗位可能需要特定的技术技能和管理能力的结合，教育机构可以据此调整教学内容，确保学生具备这些关键能力。同时，学生也可以根据这些信息制订个人职业发展计划，选择最适合自己的发展路径。

关联规则挖掘能够揭示餐旅行业内不同岗位的晋升路径，帮助学生了解各职业之间的流动性和发展机会。这一过程不仅涉及对当前行业岗位的分析，还包括对行业未来发展的预判。通过大数据分析，学生可以了解行业内各岗位之间的联系和发展潜力，从而更好地进行职业规划。例如，某些岗位可能具有较高的流动性和晋升机会，学生可以根据这些信息选择更具发展潜力的职业。此外，教育机构也可以根据这些分析结果，为学生提供更加个性化的职业指导，帮助他们在职业生涯中作出更明智的决策。

职业晋升轨迹的关联规则挖掘不仅为学生提供了清晰的职业发展路径，也为教育机构和行业提供了重要的决策支持。通过数据分析，教育机构可以更好地理解行业需求，从而优化课程设置，提高人才培养质量。同时，行业也可以利用这些信息进行人力资源规划，确保在快速变化的市场中保持竞争力。大数据分析在这一过程中发挥了重要作用，通过揭示行业内的潜在规律和趋势，为学生、教育机构和行业提供了宝贵的洞察。这一过程不仅提升了人才培养的效率，也为餐旅行业的可持续发展奠定了坚实的基础。

（二）跨行业人才流动的动态分析模型

跨行业人才流动的动态分析模型在当前数字时代的餐旅行业中扮演着至关重要的角色。通过实时数据监测，该模型能够识别不同行业之间的人才流动趋势与模式，为教育机构和企业提供科学的决策支持。这一过程涉及对大量数据的收集和分析，帮助预测哪些行业正在吸引人才，以及这些人才具备哪些可转移的技能。这种能力对于教育机构来说尤为重要，因为它们需要确保其课程能够培养出满足市场需求的毕业生。通过对人才流动的深入分析，教育机构可以及时调整课程内容，确保学生具备适应未来职业环境的能力。

该模型的核心在于利用大数据技术分析行业间的技能转移情况，对于人才培养机构优化课程设置至关重要。通过分析技能的转移路径，机构可以识别哪些技能在多个行业中具有通用性，并据此调整课程内容以培养这些高需求的能力。这不仅有助于提高毕业生的就业竞争力，也能满足企业对多技能人才的需求。随着行业需求的不断变化，动态分析模型为教育机构提供了一种灵活的工具，使其能够迅速适应市场变化，确保培养的人才能够在多个行业中成功就业。

动态分析模型还可以通过算法评估各行业人才供需的匹配度，从而促进跨行业人才的有效流动与配置。这种匹配度的评估是通过对行业需求和人才供应的综合分析实现的，能够识别出供需不平衡的领域，并为人才流动提供指导。这种分析不仅有助于提高整体就业率，还能确保人才在最适合的岗位上发挥其最大潜力。通过这种方式，动态分析模型可以帮助各行业更好地利用人才资源，提升整体行业效率和竞争力。

此外，该模型通过分析行业间的市场变化，能够预测未来潜在的职业发展机会。这一功能对于个人职业规划具有重要意义，因为它能够为个人提供关于不同领域职业发展的前瞻性建议。通过对市场趋势的分析，模型可以指导人才在不同领域的职业规划与发展，帮助他们识别未来可能的职业机会，并制定相应的职业发展策略。这不仅有助于个体职业生涯的发展，也能为行业发展提供源源不断的人才支持，推动整个餐旅行业的持续进步。

四、区域人才需求差异的大数据可视化

（一）旅游热点城市人才缺口热力图分析

旅游业作为全球经济的重要组成部分，其发展对人才的需求具有显著的区域差异性。通过大数据分析技术，尤其是热力图工具，能够对旅游热点城市的人才缺口进行深入的分析。热力图以其直观的视觉效果，将各城市在餐旅行业的人才需求强度进行可视化展现。通过这种方式，教育机构可以更精准地识别出各城市在不同岗位上的人才需求，从而调整其人才培养计划，以满足市场的实际需求。具体来说，热力图分析能够揭示出某些城市在特定岗位上存在的人

才缺口，这为教育机构提供了重要的决策依据。

就业市场数据是分析旅游热点城市人才需求差异的关键。通过对就业市场数据的深入分析，可以揭示出不同城市在餐旅行业的人才需求特征。这种分析不仅包括对当前就业市场的分析，还涉及对历史数据的回顾，以识别出长期的趋势和变化。通过对这些数据的分析，能够帮助我们理解不同城市在餐旅行业的人才需求为何会存在差异。这种差异可能与城市的经济发展水平、旅游业的发展历史以及当地的文化背景等多种因素相关。

热力图可视化工具的应用，为我们提供了一种直观的方式来展示各旅游热点城市对不同岗位的需求强度。这种工具能够将复杂的数据以简单明了的形式呈现出来，使得教育机构和政策制定者能够快速理解和分析数据。通过热力图，我们可以清晰地看到哪些城市在某些岗位上存在较大的需求，从而帮助教育机构精准定位人才培养方向。这不仅有助于提高教育资源的利用效率，也为学生的职业规划提供了更科学的指导。

旅游热点城市的季节性人才需求变化是影响人才供给的重要因素。通过对旅游热点城市的季节性人才需求变化进行分析，可以识别出高峰期和淡季对人才供给的影响。旅游业的季节性特征导致了人才需求的波动，这对学生的职业规划提出了新的挑战。通过大数据分析，我们可以为学生提供合理的职业规划建议，帮助他们在不同的季节调整自己的职业发展路径，以更好地适应市场需求的变化。

结合区域经济发展水平，旅游热点城市对高技能人才的吸引力以及对人才流动的影响也是我们分析的重点。经济发展水平较高的城市往往对高技能人才具有更强的吸引力，这会导致人才的流动和集中。通过对这些因素的分析，我们可以促进区域间人才的合理配置，从而实现人才资源的优化配置。这不仅有助于解决某些城市的人才短缺问题，也为区域经济的协调发展提供了可能。

（二）餐饮连锁企业区域布局的人才需求预测

在数字技术快速发展的背景下，餐旅行业的人才培养模式也随之发生了深刻的变革。尤其是在大数据分析的推动下，餐饮连锁企业在区域布局中对人才需求的预测变得更加精准和科学。餐饮连锁企业在进行区域布局时，首先，需要对不同区域的市场进行详细分析，不仅包括对当地经济发展水平的评估，还需考虑消费者的消费能力和文化习惯。这些因素共同决定了一个地区的市场潜力，进而影响餐饮连锁企业在该地区的人才需求特征。通过大数据分析，企业能够识别出不同区域的市场特点，从而制定出更加符合市场实际的人才需求预测策略。

在区域市场分析的基础上，餐饮连锁企业需要对不同岗位的人才需求进行详细预测。大数据分析可以帮助企业从多个维度出发，预测各区域餐饮连锁企业的扩展计划和运营模式，包括管理、服务和技术等岗位的具体要求。通过对历史数据的分析，企业可以识别出哪些岗位在特定区域具有较高的需求量，以及这些岗位的技能要求和薪酬水平。这样，企业就能够提前做好人才储备，确保在业务扩展时能够快速满足人力资源需求。

然而，仅仅预测人才需求是不够的，餐饮连锁企业还需要构建高效的人才供给链。通过分析区域内教育机构与餐饮连锁企业的合作关系，可以探索如何通过校企合作培养符合区域需求的人才。大数据分析可以帮助识别出哪些教育机构在特定领域具有优势，并与这些机构建立长期合作关系。通过定制化的课程设计和实习项目，企业可以培养出更加契合市场需求的人才，从而形成一个持续的人才供给链，确保企业在不同区域的用人需求得到满足。

灵活用人策略在餐饮连锁企业的人力资源管理中也显得尤为重要。不同区域的市场需求和季节性变化要求企业具备灵活的人才配置能力。通过大数据分析，企业可以实时监测市场变化，及时调整人力资源配置策略。比如，在旅游旺季或节假日期间，企业可以增加临时员工的数量，以应对客流高峰。同时，根据市场预测，企业也可以在淡季减少人力成本，提高整体运营效率。通过这种灵活用人策略，餐饮连锁企业能够在不同区域保持竞争力，并有效地应对市场变化带来的挑战。

五、大数据预警机制在人才储备中的应用

（一）关键岗位人才流失风险的预警模型

关键岗位人才流失风险的预警模型在现代餐旅行业中扮演着至关重要的角色。随着数字技术的不断发展，企业可以通过大数据分析来识别和预测关键岗位的人才流失风险。这一模型通过分析员工离职率、岗位技能要求和市场竞争情况，能够提前预测哪些岗位面临高流失风险。通过对历史数据的深入挖掘，企业可以识别出流失风险较高的岗位，进而采取相应的预防措施。这种前瞻性的分析能力不仅提升了企业的人才管理水平，也为企业的可持续发展提供了有

力的保障。

为了更好地应对关键岗位的人才流失风险，构建一套完善的预警指标体系显得尤为重要。该体系结合员工满意度调查、工作负荷和职业发展机会等因素，帮助企业量化流失风险。具体而言，员工满意度调查可以揭示员工对工作环境和企业文化的看法，而工作负荷则反映了员工的工作压力和工作强度。此外，职业发展机会的评估可以帮助企业了解员工在职业生涯中的发展空间和晋升机会。通过综合考虑这些因素，企业能够更准确地评估关键岗位的人才流失风险，并制定相应的应对策略。

在识别出高风险岗位后，企业需要实施数据驱动的员工留存策略，以降低关键岗位人才的流失率。通过分析流失原因，企业可以制定针对性的激励措施和职业发展规划。激励措施可以包括薪酬调整、福利提升和工作环境改善等，而职业发展规划则可以为员工提供明确的晋升路径和培训机会。此外，企业还可以通过定期的员工访谈和反馈机制，及时了解员工的需求和期望，从而提高员工的满意度和忠诚度。这种以数据为导向的管理方式，不仅提高了企业的人才保留率，也增强了企业的竞争力。

实时数据监控系统的引入，为企业提供了持续跟踪关键岗位人才工作状态和心理健康的能力。这一系统能够及时发现潜在的流失风险，并采取相应的干预措施。通过对员工工作状态和心理健康的实时监测，企业可以快速识别出工作压力过大或心理状态不佳的员工，并提供必要的支持和帮助。此外，企业还可以通过分析实时数据，优化工作流程和团队协作，以提升员工的工作体验和满意度。这种实时监控和干预机制，为企业在快速变化的市场环境中保持竞争优势提供了有力的支持。

（二）行业周期波动对人才需求的敏感度分析

行业周期波动对餐旅行业的人才需求具有显著的敏感度。在经济周期的不同阶段，餐旅行业的需求波动往往与经济的整体表现密切相关。餐旅行业作为一个对消费者支出变化高度敏感的产业，其需求在经济繁荣时期通常会增加，而在经济衰退时期则可能下降。这种需求的变化直接影响行业对人才的需求，尤其是在服务岗位和管理岗位上表现得尤为明显。因此，了解并分析行业周期波动对人才需求的敏感度，对于制定有效的人才储备策略至关重要。

行业周期波动对餐旅行业人才需求的影响机制复杂多样。经济周期的变化会影响消费者的可支配收入，从而改变其在餐饮和旅游方面的支出。经济繁荣时期，消费者更倾向于增加在外出就餐和旅游方面的支出，导致餐旅行业对服务人员、厨师、导游等岗位的需求增加。而在经济衰退时期，消费者则可能削减这些非必需支出，导致行业对相关岗位的需求下降。因此，深入探讨经济周期如何影响消费者支出和旅游活动，是了解餐旅行业人才需求变化的关键。

餐旅行业不同岗位对经济波动的敏感度存在显著差异。一般而言，前线服务岗位如服务员、厨师等对经济波动的反应较为迅速，因为这些岗位直接受消费者需求变化的影响。而管理层岗位如酒店经理、餐厅经理等，则表现出一定的滞后性，因为这些岗位的需求更多地依赖企业的长期战略和运营状况。此外，在经济繁荣时期，企业可能会增加对创新和市场拓展岗位的需求，以抓住市场机会，而在经济衰退时期，成本控制岗位则可能更受青睐。

为了有效地预测餐旅行业的人才需求变化趋势，建立基于经济指标和行业数据的人才需求预测模型是必要的。通过分析历史经济数据和行业发展趋势，可以构建出反映经济周期对行业人才需求影响的模型。这些模型不仅可以帮助企业预测在不同经济周期下的人才需求变化，还可以为企业的人才储备决策提供科学依据。通过对模型的持续优化和调整，企业可以更准确地预测未来的人才需求，为应对市场变化做好准备。

针对行业周期波动，企业需要制定灵活的人才储备策略。在经济繁荣时期，企业可以加大招聘力度，尤其是对关键岗位和创新岗位的招聘，以支持业务扩展。而在经济衰退时期，企业需要更加注重人才的培训和内部调配，以保持核心竞争力。此外，企业还应建立灵活的用工机制，如兼职、临时工等，以应对需求波动。通过这些策略，企业可以在不同经济周期中保持对人才需求变化的敏感性，确保在市场变化中立于不败之地。

第二节　虚拟仿真技术在技能培养中的应用

一、虚拟厨房实训系统的功能模块设计

（一）烹饪设备模拟与安全操作训练

虚拟厨房实训系统在现代餐旅教育中扮演着重要角色，其核心在于烹饪设备模拟与安全操作训练模块的设计。该系统通过逼真的设备模拟，为学生提供

了一个近乎真实的学习环境，使其能够在虚拟空间中熟悉各种烹饪工具的使用方法和操作流程。这种模拟不仅限于设备的外观和功能，还包括操作时的手感和反馈，确保学生获得全面的感官体验。通过在虚拟环境中反复练习，学生能够在不受时间和空间限制的情况下，提升自身的操作技能和效率，为未来的职业发展奠定坚实的基础。

虚拟厨房实训系统内置的安全操作指南是其另一大亮点。该指南详细介绍了各类烹饪设备的安全操作规范，指导学生在虚拟环境中遵循正确的操作步骤，以减少实际操作中的安全隐患。这一功能的设计旨在培养学生的安全意识，使其在面对真实厨房环境时，能够自觉遵循安全操作规范，降低事故发生的可能性。此外，系统还通过模拟常见的安全事故场景，帮助学生识别潜在风险，提高其在紧急情况下的应变能力。

通过模拟不同的烹饪情景，虚拟厨房实训系统为学生提供了应对突发情况的练习机会。这种情景模拟涵盖了从简单的设备故障到复杂的厨房火灾等多种可能的突发事件，旨在培养学生的应变能力和心理素质。在虚拟环境中，学生可以在无风险的条件下进行多次演练，积累应对经验，从而在真实厨房中面对突发情况时能表现得更加冷静和自信。这种训练不仅提高了学生的专业素养，还增强了其在团队合作中的沟通和协调能力。

虚拟厨房实训系统支持多种烹饪风格的设备使用训练，为学生提供了丰富的学习和实践机会。系统涵盖中餐、西餐、日式料理等多种烹饪风格的设备操作训练，使学生能够在不同的烹饪场景中掌握相应的设备操作技巧。这种多样化的训练方式，不仅拓宽了学生的专业视野，还增强了其在国际化餐旅行业中的竞争力。通过在虚拟环境中的反复练习，学生能够灵活运用所学知识，创新性地解决实际问题，成为具有国际视野的高素质餐旅人才。

（二）菜品研发流程的虚拟仿真实践

在数字技术的迅猛发展背景下，餐旅业的教育模式正经历着深刻的变革。虚拟仿真技术作为一种创新的教学工具，正在逐步融入餐旅人才的培养过程中。其中，菜品研发流程的虚拟仿真实践为学生提供了一个全新的学习视角和实践平台。通过虚拟仿真技术，学生能够在一个安全且可控的环境中探索不同食材的特性与搭配效果。这种技术不仅可以模拟食材在不同条件下的物理和化学变化，还能帮助学生更深入地理解食材之间的相互作用。这种深入的理解对于培养学生的专业素养和创新能力至关重要，尤其是在面对复杂的烹饪任务时，能够让他们作出更科学和合理的选择。

虚拟厨房实训系统的另一大优势在于其对学生创意设计能力的提升。通过该系统，学生可以自由地进行菜品的创意设计与调整，并实时观察菜品在视觉和味觉上的变化。这种实时反馈不仅激发了学生的创造力，还提高了他们在实际操作中的应变能力。虚拟仿真技术提供的即时反馈机制，使得学生能够在设计过程中不断进行试错和优化，从而提高其创新能力和实践技能。这种基于虚拟环境的学习方式，使学生能够在不浪费实际食材的情况下，反复进行实验和调整，为其未来的职业发展打下坚实的基础。

此外，虚拟仿真实践还为菜品研发提供了一个高效的反馈机制。学生可以根据系统的评估结果，及时优化菜品配方和制作流程，从而显著提升研发效率。这样的反馈机制不仅节省了时间和资源，还能够使学生在短时间内掌握更多的知识和技能。通过持续的反馈和优化过程，学生可以不断地提高自身的专业水平和研发能力。这种高效的学习和实践模式，使学生在毕业后能够更快地适应职场需求，并在竞争激烈的餐旅行业中脱颖而出。

虚拟厨房实训系统还支持多种菜品类型的研发训练，帮助学生在不同的文化背景和风味要求下进行菜品设计。这种多元化的训练方式，不仅拓宽了学生的全球化视野，还提高了他们的市场适应能力。在全球化进程不断加快的今天，餐旅行业对从业人员的跨文化理解和适应能力提出了更高的要求。通过虚拟仿真技术，学生能够在模拟的国际化环境中进行实践训练，培养其对不同文化和市场需求的敏感度。这种能力的培养，对于学生未来在国际餐旅市场中的发展具有重要意义。

二、酒店服务虚拟仿真场景构建

（一）前台接待全流程仿真教学

前台接待全流程仿真教学是现代酒店管理教育中的重要组成部分。通过虚拟环境模拟真实的接待场景，学生能够在一个安全且无风险的环境中练习接待技能。这种教学方法不仅降低了实际操作中的失误风险，还为学生提供了一个多样化的学习平台。在虚拟仿真中，学生可以反复练习不同的接待流程，从而提高他们的技能熟练度和服务质量。这种教学模式的引入，标志着酒店管理教育从传统课堂讲授向实践操作的转变，为学生提供了更灵活和高效的学习途径。

虚拟仿真系统提供多种客户类型的模拟，包括商务旅客和休闲游客。这种多样化的客户模拟有助于学生适应不同客户的需求和沟通风格。商务旅客通常注重效率和专业性，而休闲游客则可能更关注个性化服务和体验。通过模拟不同类型客户的接待，学生能够在实践中学习如何根据客户的不同需求调整服务策略。这不仅提高了学生的沟通技巧和服务意识，也为他们未来在实际工作中处理多样化客户需求奠定了基础。

仿真教学中引入实时反馈机制是其另一大特色。学生在接待过程中可以获得即时的评价，这种反馈机制可以帮助学生识别并改进服务中的不足之处。通过系统提供的详细反馈，学生能够清楚地了解自己的优点和需要改进的方面。这种即时反馈的教学模式，不仅提高了学习效率，还增强了学生的自我反思能力和主动学习意识，使他们在不断的实践中逐步提高服务水平。

前台接待全流程仿真教学还包括危机处理场景的模拟，这对于提升学生在面对突发情况时的应变能力和解决问题的技巧至关重要。酒店前台作为直接面对客户的第一线，经常需要处理各种突发事件，如客户投诉、预订错误或设备故障等。通过模拟这些危机场景，学生能够在虚拟环境中练习如何冷静、有效地处理问题，培养他们的应急反应能力和决策能力。这种训练不仅提高了学生的实际操作能力，也增强了他们在真实工作环境中的自信心和适应能力。

（二）客房服务应急处理模拟训练

客房服务应急处理模拟训练在现代酒店管理教育中扮演着重要角色。通过该训练，学生能够在虚拟环境中体验真实的应急场景，培养其在突发情况下的应对能力。模拟训练的设计旨在提高学生对突发事件的敏感性和处理效率，使他们能够在实际工作中更好地应对各种挑战。虚拟仿真技术的应用，不仅让学生有机会在安全的环境中进行多次练习，还能通过不断的反馈和调整，提高他们的应急处理水平。

在模拟训练中，学生将面临不同类型的客户投诉场景，这些场景经过精心设计，以反映现实中可能遇到的各种问题。通过模拟客户投诉处理，学生可以学习如何有效地与客户沟通，掌握必要的应对策略，以提升客户满意度。此类训练有助于学生理解客户心理，锻炼其同理心和沟通技巧。这种沉浸式学习方式，使学生能够从实践中总结经验，提升其在实际工作中的表现。

此外，虚拟仿真训练还特别关注学生在紧急情况下的决策能力。学生需要在模拟环境中处理超卖、房间故障等问题，这要求他们迅速作出判断并采取适当的行动。在这种高压环境下，学生的反应速度和决策能力将得到极大的锻炼。通过多次模拟练习，学生能够逐渐提高其在紧急情况下的应变能力，确保在真实工作环境中能够从容地应对各种突发事件。

团队协作是客房服务应急处理模拟训练的另一个重要组成部分。学生需要在模拟场景中与同学合作，解决客房服务中的突发事件。这样的训练不仅培养了学生的团队合作精神，还增强了他们的协调能力。在模拟过程中，学生需要分工合作，互相支持，共同解决问题。这种合作学习的方式，有助于学生在未来的职业生涯中，更好地融入团队，发挥集体的力量。

数据分析反馈在模拟训练中起到了至关重要的作用。通过对学生表现的详细评估，教师可以帮助学生识别其在应急处理中的优势和不足。这样的反馈机制，可以指导学生在后续学习中进行有针对性的改进和提升。数据分析不仅为学生提供了清晰的自我认知路径，还为教师提供了改进教学设计的依据，确保学生在培训中获得最大的收益。通过不断的反馈和调整，学生的应急处理技能将得到持续的提高。

三、旅游管理虚拟仿真实验平台

（一）景区运营管理的沙盘推演系统

景区运营管理的沙盘推演系统是一个创新的教育工具，旨在为学生提供一个虚拟的景区运营环境。在这个环境中，学生可以通过模拟体验不同的管理决策及其对景区运营的影响，从而提升其实际操作能力。该系统的设计初衷是弥补传统课堂教学在实践操作方面的不足，使学生能够在一个安全且可控的虚拟环境中进行试错与学习。通过这种方式，学生不仅能够理解理论知识，还能在实践中验证和应用这些知识，进而提高其解决实际问题的能力。

沙盘推演系统支持多种运营场景的模拟，包括节假日高峰期和淡季的运营。这种多样化的场景设置能帮助学生理解在不同时间段内的管理策略调整的重要性。例如，在节假日高峰期，景区可能面临游客流量激增的问题，学生需要制定有效的应对策略，以确保景区的运营效率和游客体验。而在淡季，学生则需要考虑如何通过营销和活动策划来吸引游客，保持景区的活力。通过这些模拟，学生能够更深入地理解景区运营的复杂性和多变性，并学会灵活应对各种挑战。

通过实时数据分析功能，沙盘推演系统使学生能够观察到运营决策的即时效果，培养了学生的数据驱动决策能力和反应速度。在模拟过程中，学生可以实时获取运营数据，并根据这些数据进行分析和决策。例如，当某个管理策略导致游客满意度下降时，学生可以迅速调整策略，以改善运营效果。这样的训练有助于学生在未来的职业生涯中，能够快速适应变化，并作出明智的决策，提升景区的综合管理水平。

沙盘推演系统不仅关注个体能力的提升，还强调团队合作的重要性。在系统的使用过程中，学生被要求在小组中共同制定运营策略，这一过程极大地增强了他们的沟通与协作能力。团队成员需要分工合作，充分发挥各自的特长，共同面对模拟中的各种挑战。这种团队合作的训练，不仅提升了学生的沟通技巧，还培养了他们在团队中有效协作和解决问题的能力，为其未来在实际工作环境中的团队合作打下了坚实的基础。

（二）导游带团场景的沉浸式训练

导游带团场景的沉浸式训练在现代旅游管理教育中扮演着至关重要的角色。通过模拟真实的旅游环境，学生能够在虚拟空间中体验导游的实际工作流程。这种训练方式不仅提升了学生的实操能力，还为其提供了一个安全的学习环境，使他们可以在不受真实环境限制的情况下进行多次尝试和练习。虚拟仿真技术的应用使得学生能够在一个高度互动的环境中，深入了解导游工作的各个环节，从而为未来的职业生涯打下坚实的基础。

该训练系统提供多样化的客户角色和需求，这是其一大特色。学生在训练过程中，需要根据不同游客的背景和期望调整导游讲解的内容和风格。这种多样化的角色设定不仅考验了学生的语言能力和文化敏感度，还提高了他们的适应能力和服务意识。在模拟的旅游场景中，学生能够接触到来自不同文化背景的"游客"，这有助于他们了解跨文化交流的复杂性，并学习如何在多元文化环境中提供高质量的导游服务。

沉浸式训练引入实时反馈机制，使得学生在模拟带团过程中能够即时获得评价。这种实时反馈不仅帮助学生识别导游过程中存在的问题，还为他们提供了改进的方向和建议。通过这种反馈机制，学生可以不断地优化自己的导游技能和应变能力。此外，实时反馈还激励学生在训练中保持高度的参与度和专注力，从而提高整个学习过程的效果和效率。

通过虚拟仿真，学生可以在不同的旅游场景中练习危机处理和突发事件应对，这是导游工作中不可或缺的一部分。在虚拟环境中，学生可以面对各种模拟的突发事件，如游客走失、天气突变、交通事故等，从而锻炼其应急反应能力。这样的训练不仅增强了学生在实际导游工作中的应急能力，还提高了他们的心理素质和压力管理能力，为其未来的职业发展提供了有力的支持。通过这些综合训练，学生能够更好地适应实际工作中的各种挑战，成为更出色的导游专业人才。

四、虚拟仿真在餐饮服务礼仪中的应用

（一）多语种服务场景的仿真训练

在数字时代，餐旅行业的国际化进程不断加快，多语种服务能力成为餐旅人才必备的核心技能。多语种服务场景的仿真训练通过模拟真实的服务环境，帮助学生掌握不同语言的基本交流技巧。这种训练不仅限于语言的传授，更重要的是培养学生在国际化环境中的沟通能力，使他们能够自如地应对来自不同文化背景的客户需求。仿真训练的优势在于其高度的沉浸感和互动性，学生在虚拟场景中可以体验到真实的服务情境，从而有效地提高语言运用能力和服务技巧。

多语种服务场景的仿真训练不仅关注语言技能的提升，还强调文化差异的理解和适应能力。通过模拟多种客户背景和需求，学生在训练中能够增强对不同文化的敏感性和尊重意识。这种文化适应能力是提升服务质量的重要因素，因为它直接影响客户的满意度和忠诚度。在虚拟仿真环境中，学生可以体验到不同文化背景下的服务场景，学习如何在尊重文化差异的基础上提供优质服务，从而为未来的国际化职业生涯作好准备。

在多语种服务场景的仿真训练中，学生还可以练习处理多种语言的客户投诉和咨询，培养应对突发情况的灵活应变能力。餐旅行业常常面临突发事件和紧急情况，员工的应变能力直接影响服务的质量和客户的体验。通过仿真训练，学生可以在安全的虚拟环境中模拟处理各种紧急情况，积累实际操作经验。这种训练方式不仅提高了学生的应变能力，还增强了他们的自信心，使他们在面对真实工作场景时能够更加从容不迫。

多语种服务场景的仿真训练还引入了实时反馈机制，帮助学生及时识别并改进语言表达和服务礼仪的不足之处。在传统的教学模式中，学生往往难以及时获得反馈，而仿真训练通过技术手段实现了实时监测和反馈。学生在仿真场景中的表现会被系统记录和分析，教师可以根据这些数据提供个性化的指导和建议。这种即时反馈机制不仅有助于学生的自我反思和改进，也为教师的教学提供了有力的数据支持，提高了教学的针对性和有效性。

（二）特殊需求客户应对的虚拟演练

在数字时代，虚拟仿真技术为餐旅行业的人才培养提供了前所未有的机会。通过虚拟演练，学员可以在一个安全、可控的环境中练习与特殊需求客户的互动。这种演练不仅提高了学员的应变能力和服务水平，还能帮助他们在实际工作中更好地满足客户的期望。虚拟仿真技术通过逼真的场景和互动，使学员能够体验到真实的服务情境，从而大大增强了他们的学习效果。此外，虚拟演练还允许学员在犯错时及时得到反馈，并进行反复练习，直至掌握技能。

识别和理解特殊需求客户的基本特征是提供优质服务的前提。虚拟仿真技术在这一过程中扮演了重要角色。通过虚拟仿真，学员可以学习如何识别不同类型的特殊需求客户，如有身体障碍、饮食限制或文化差异的客户。借助虚拟现实技术，学员能够观察和分析客户的行为和需求，进而调整自己的服务策略。这种技术不仅提高了学员的观察能力和同理心，还增强了他们对多样化客户需求的敏感性和适应性。

在餐旅服务中，与特殊需求客户进行有效沟通至关重要。虚拟仿真技术为学员提供了一个练习和提高沟通技巧的平台。在虚拟环境中，学员可以练习不同的沟通策略，例如，使用简单明了的语言、保持积极的肢体语言，以及如何倾听和回应客户的需求。虚拟仿真还允许学员在各种情境下测试不同的沟通技巧，帮助他们找到最适合的策略。这种实践不仅提高了学员的沟通能力，还增强了他们在实际工作中的自信心。

虚拟仿真技术使学员能够在模拟的特殊需求场景下练习服务应对流程。通过这种方式，学员可以熟悉各种可能出现的服务情境，并学习如何灵活应对。例如，他们可以在虚拟环境中体验如何为轮椅使用者提供服务，或如何满足具有特定饮食要求的客户的需求。通过不断的练习，学员能够掌握一套有效的服务应对流程，从而提高服务效率和客户满意度。这种基于场景的学习方式大大提升了学员的实战能力。

在虚拟仿真中，评估和反馈机制是提升学员服务能力的关键环节。通过即时反馈，学员能够了解自己的表现，并根据反馈进行调整和改进。虚拟仿真技术提供了详细的评估工具，帮助学员识别自己的优点和不足。通过这种方式，学员可以不断提高自己的服务水平，特别是在应对特殊需求客户时。评估和反馈机制不仅促进了学员的专业成长，还帮助他们在实际工作中提供更加个性化和高效的服务。

第三章 产教融合在餐旅人才培养中的应用

第一节 产教融合的基本概念

一、产教融合的内涵

（一）产教融合的定义

产教融合是一个涉及教育与产业深度协同与互动的复杂过程，其定义涵盖了教育机构与产业界之间的资源共享与优势互补。这一过程的核心目标在于实现人才培养与经济发展的双赢，强调通过教育与产业的紧密合作，提升教育质量和产业竞争力。产教融合的本质特征在于其系统性，要求教育机构与企业在课程设置、实习实践、科研项目等方面进行全面而深入的结合。这种结合不仅仅是形式上的合作，而是实质上的资源整合与功能互补，旨在形成一个完整的教育与产业合作生态系统。

产教融合的核心在于创新，这种创新体现在教育内容和教学方式的不断更新，以适应快速变化的市场需求和技术进步。随着全球化和信息技术的迅猛发展，市场对人才的需求也在不断变化，传统的教育模式已无法满足这些需求。因此，教育机构必须与产业界密切合作，通过创新的教育内容和教学方法，培养出适应未来社会和经济发展的高素质人才。产教融合强调实践导向，通过将理论知识与实际操作相结合，提高学生的职业素养和就业能力，满足社会对高素质人才的需求。

在产教融合的过程中，教育机构和企业的角色和责任也发生了显著变化。教育机构不仅仅是知识的传授者，更是创新人才的培养者；企业不仅是经济活动的主体，也是教育资源的重要提供者和教育活动的积极参与者。这种角色的转变要求教育机构和企业在合作中建立有效的沟通机制和合作模式，以实现教育资源与产业需求的无缝对接。通过这种互动，产教融合能够有效地推动教育与产业的共同进步，促进社会经济的可持续发展。

产教融合的成功实施需要一系列政策支持和制度保障。政府作为产教融合的推动者，应制定和实施相关政策，鼓励和引导教育机构和企业开展合作。同时，建立有效的激励机制，促进产教融合项目的实施和推广。此外，还需要建立完善的评价体系，对产教融合的效果进行科学的评估，以不断改进和优化产教融合的模式和路径。这些措施的实施，将为产教融合的深入推进提供坚实的基础和有力的保障。

（二）产教融合的目标

产教融合的目标在于构建一个紧密结合教育与产业需求的教育生态系统。通过这一系统，教育不再是单纯的知识传授，而是与产业实践深度结合的过程。这一目标的实现，首先需要提升学生的实践能力，使其能够更好地适应就业市场的需求与挑战。在当今快速变化的经济环境中，传统的教育模式往往难以跟上行业发展的步伐，而产教融合通过在课程中引入实践环节，使学生在校期间就能接触到真实的工作场景，积累实战经验，从而在毕业后能够迅速适应工作岗位的要求。

产教融合的另一重要目标是促进教育内容的与时俱进，确保课程设置与行业发展趋势相符。随着科技的不断进步和产业结构的调整，各行业对人才的需求也在不断地变化。教育机构需要通过与企业的合作，及时了解行业的最新动态，将这些信息融入教学内容中，以培养出符合未来发展方向的人才。通过这种方式，教育内容不再是静态的，而是能够动态调整，以适应市场和技术的变化。

增强教育机构与企业之间的合作关系，实现资源的有效共享与优势互补，是产教融合的又一目标。通过建立长期稳定的合作关系，教育机构可以利用企业的资源和技术优势，提升自身的教学质量和科研能力。同时，企业也可以通过与教育机构的合作，获得高素质的人才和创新成果，从而提升自身的竞争力。这种双赢的合作模式，有助于推动整个教育和产业生态系统的可持续发展。

产教融合还旨在培养具备创新思维和跨学科能力的人才，以满足多元化的行业需求。现代社会的发展需要综合素质高、具备跨界能力的人才，而传统的学科界限往往限制了学生的全面发展。通过产教融合，学生可以在多学科交叉的环境中学习和实践，培养创新思维和解决复杂问题的能力。这种培养模式不仅满足了企业对复合型人才的需求，也为学生的个人发展提供了更为广阔的空间。

(三) 产教融合的价值

产教融合作为现代教育改革的重要方向，其价值体现在多个方面。

产教融合能够显著地提高学生的就业竞争力。在当前全球化和技术快速发展的背景下，单纯的理论知识已无法满足企业对人才的需求。通过产教融合，学生可以在学习过程中积累丰富的实践经验，并掌握行业认可的技能。这种实战经验的积累，不仅增强了学生在求职市场中的竞争力，也提高了雇主对其信任度。企业更倾向于雇佣那些具备实际操作能力和行业知识的毕业生，因为他们能够更快地适应工作环境，减少培训成本。

产教融合为教育机构提供了与行业需求对接的契机，使课程内容能够及时更新与优化。教育与产业的紧密结合，促使教育机构不断调整教学内容，以反映最新的行业趋势和技术发展。这种动态调整不仅提升了教育质量，也增强了课程的相关性，使学生所学知识能够迅速应用于实际工作中。这种教学模式的革新，打破了传统教育与产业之间的壁垒，使教育能够更好地为经济发展服务。

产教融合促进了教育资源的高效利用。通过企业与学校之间的合作，双方可以共享实验室、设备和师资力量。这种资源共享机制，不仅降低了教育成本，也提高了教学效果。学校不再需要单独为每个学科配置昂贵的设备，而是可以利用企业的先进设施进行教学。同样，企业也可以借助学校的研究力量进行技术创新。这种双赢的合作模式，使教育资源得到了最大限度地利用，推动了教育与产业的共同发展。

产教融合有助于培养学生的创新能力和团队合作精神。在融合的教育环境中，学生面对的是一个更加开放和多元的学习平台，这种环境鼓励他们进行创新思考和实践探索。通过与企业的合作项目，学生在解决实际问题的过程中，培养了团队合作精神和领导能力。这些能力对于他们未来的职业生涯至关重要，使其更具适应性和创造力，能够满足快速变化的市场需求。产教融合不仅仅是教育模式的转变，更是培养新时代创新型人才的重要途径。

二、产教融合的理论基础

(一) 协同育人理论在产教融合中的应用

协同育人理论在产教融合中的应用，体现了教育与产业之间深度合作的必要性和可能性。该理论强调通过教育机构与行业的紧密合作，共同制定人才培养方案，以确保教育目标与行业需求的高度契合。这种合作不仅仅是形式上的合作，更是一种在内容和目标上的深度融合。通过这种融合，教育机构能够及时了解行业的发展动态和需求变化，从而调整其课程设置和教学内容，以确保学生在毕业时具备满足行业需求的能力和素质。

协同育人理论倡导多方参与的合作模式，学校、企业和社会各方共同参与，形成一个协同育人的生态系统。这种生态系统的建立，有助于提高人才培养的整体质量和效率。学校可以通过与企业的合作，获取行业的最新信息和技术支持，而企业则可以通过与学校的合作，获得符合自身需求的人才。此外，社会各界的参与也能为人才培养提供更多的资源和支持，从而形成多赢的局面。

在协同育人理论的指导下，教育机构能够更灵活地调整课程内容，以确保学生掌握与行业发展相符的实际技能和知识。传统的教育模式往往过于注重理论知识的传授，而忽视了实践能力的培养。而协同育人理论则强调理论与实践的结合，通过课程内容的调整，使学生在学习过程中能够接触到更多的实践机会，从而提高其动手能力和解决实际问题的能力。

协同育人理论还促进了实践教学的有效实施，通过企业实习和项目合作，提升学生的实践能力和就业竞争力。在这种模式下，学生不仅可以在课堂上学习理论知识，还可以通过企业实习和项目合作，将所学知识应用到实际工作中。这种理论与实践相结合的教学模式，不仅提高了学生的实践能力，也增强了他们的就业竞争力，使其在毕业后能够更好地适应职场环境。

协同育人理论强调创新思维的培养，鼓励学生在跨学科合作中形成综合解决问题的能力，以适应快速变化的市场环境。在当今快速变化的市场环境中，单一学科的知识已不足以应对复杂的问题。协同育人理论通过跨学科的合作，培养学生的创新思维和综合解决问题的能力，使其能够在不同的学科领域中游刃有余。这种能力的培养，不仅有助于学生个人的发展，也为整个社会的发展提供了源源不断的人才支持。

（二）利益相关者理论视角下的合作机制

利益相关者理论在产教融合中的应用，为各方力量的协同合作提供了理论依据。该理论强调教育机构、企业、学生和政府作为利益相关者，应共同参与到人才培养的过程中，以提升教育的有效性。通过利益相关者的共同努力，教育与产业之间的联系得以加强，形成了一种合力，这种合力不仅能够提高人才培养的质量，还能确保教育体系与市场需求的高度契合。利益相关者理论提供了一个框架，通过这个框架，各方能够明确自身在产教融合中的角色和责任，从而有效地推进合作机制的建立和完善。

在利益相关者理论的指导下，建立明确的沟通机制成为产教融合的重要环节。通过这种机制，教育机构和企业能够及时反馈行业需求和教育成果，有助于不断优化课程设置和实践教学。教育机构可以根据企业的反馈，调整教学内容和方法，以满足行业发展的最新需求。同时，企业也可以通过这种机制，了解教育机构的人才培养方向，从而更好地规划自身的人才需求。这种双向沟通机制不仅提高了教育的实用性，也增强了课程的前瞻性，为学生提供了更具针对性的学习体验。

利益相关者理论还鼓励教育机构与企业建立长期合作关系，这种关系的建立有助于资源共享和技术交流。通过长期合作，教育机构可以获得企业的最新技术和设备支持，而企业则能够从教育机构中获取优质的人才和科研成果。这种双赢的合作模式，不仅提高了教育的实用性，还增强了其前瞻性。长期合作关系的建立，使得教育与产业之间的联系更加紧密，有助于形成一个良性循环，从而推动产教融合的深入发展。

在利益相关者的框架下，教育机构可以根据企业的用人标准和市场变化，灵活调整人才培养方案。这种灵活性使得教育能够更加贴近市场需求，提高毕业生的就业适应性。教育机构通过与企业的合作，能够及时了解市场的最新动态和用人标准，从而在人才培养过程中，注重培养学生的实用技能和创新能力。这种灵活的人才培养方案，使得毕业生在进入职场时，能够迅速适应企业的需求，为企业的发展作出贡献。

利益相关者理论还强调社会责任，鼓励企业参与教育公益活动。这种参与不仅促进了教育公平，也推动了社会的发展。企业通过参与教育公益活动，不仅能够提升自身的社会形象，还能够为教育的发展提供支持。这种良好的社会影响力，有助于形成一个和谐的社会环境，为产教融合的深入发展提供了良好的社会基础。通过各方的共同努力，产教融合的合作机制得以不断完善，为人才培养和社会发展作出了积极的贡献。

（三）动态能力理论对产教融合的启示

动态能力理论对产教融合的启示在于强调教育机构必须具备快速适应市场变化的能力。教育机构需要及时更新课程和教学方法，以确保学生能够掌握最新的行业技能。这种能力的培养不仅有助于学生在快速变化的经济环境中保持竞争力，同时也为教育机构自身在市场中占据有利位置提供了保障。通过动态能力理论，教育机构可以更好地了解市场需求，调整其教育策略，以满足不断变化的行业标准和要求。

动态能力理论促使教育机构与企业建立灵活的合作机制，以便在面对市场需求变化时，能够迅速调整人才培养方案，实现双向反馈。教育机构与企业之间的合作不仅可以帮助学生获得实践经验，还能使教育机构的课程设计更加贴近实际需求。通过这种合作，教育机构可以获得来自企业的实时反馈，从而在课程设置和教学方法上作出及时调整，提高教育质量和学生就业竞争力。

动态能力理论强调持续学习和创新，鼓励教育机构通过与企业的深度合作，培养学生的创新思维和解决问题的能力，以应对复杂的职业挑战。在现代经济中，创新能力已成为企业成功的关键因素。教育机构通过与企业的合作，可以将创新的理念和方法融入教学中，使学生在学习过程中不断提升自身的创新能力。这不仅有助于学生在未来的职业生涯中脱颖而出，也为企业提供了更具有创造力和适应力的人才。

在动态能力理论的指导下，教育机构可以通过实践项目和实习机会，增强学生的实际操作能力，提升其在就业市场中的竞争力。通过参与企业的实际项目，学生可以将理论知识应用于实践中，获得宝贵的实践经验。这种实践导向的学习方式不仅提高了学生的动手能力，还深化了他们对行业运作模式的理解，使他们能够更好地适应未来的工作环境。

动态能力理论还强调跨学科合作的重要性，促进教育机构与多个行业的企业合作，培养具备多元化技能的人才，以适应快速变化的经济环境。通过跨学科的合作，学生可以接触到不同领域的知识和技能，拓宽他们的视野。这种多元化的教育方式不仅提高了学生的综合能力，也为他们在未来的职业生涯中提供了更多的机会和选择。教育机构通过与多个行业的合作，可以更好地了解市场的多样化需求，从而培养出更符合时代要求的人才。

第二节　产教融合的组织机制与运行模式

一、产教融合的组织架构设计

（一）政府、行业、企业与院校的协同机制

在餐旅人才培养过程中，政府、行业、企业与院校之间的协同机制至关重要。通过建立多方参与的协同决策机制，各方能够确保在餐旅人才培养中的共同目标和利益一致性。这种机制不仅能有效地整合资源，还能通过共同制定政策和标准，提升餐旅教育的质量和针对性。政府在其中扮演了政策引导和资源支持的角色，行业则提供了实践标准和需求导向，企业参与课程设计和实习安排，院校则负责教育实施和研究。协同机制的建立，能够更好地应对餐旅行业快速变化的挑战，培养出适应市场需求的高素质人才。

为了进一步提高协同机制的实效性，构建信息共享平台显得尤为重要。信息共享平台能够促进政府、行业、企业与院校之间的资源和信息流动，使各方在人才培养过程中的决策更具有科学性和前瞻性。通过该平台，不同主体可以及时获取行业动态、政策变化和教育需求，从而在课程设置和教学内容上作出及时调整。此外，信息共享平台还可以为学生提供更多的实习和就业机会，提升其实践能力和市场竞争力。

设立定期沟通与反馈机制是确保协同机制有效运行的关键。通过会议、论坛等形式，各方可以定期交流合作中的经验和问题，及时调整人才培养方案。这种机制不仅有助于加强各方的互动与交流，还能为产教融合提供持续改进的动力。通过反馈机制，各方可以更好地了解合作进展和效果，从而在后续的合作中做出更加科学合理的决策，确保人才培养的质量和效率。

为了增强学生的实践能力和就业竞争力，推动校企合作项目的实施是必不可少的。企业参与课程设计和实习安排，可以使教学内容更贴近实际需求，学生在真实的工作环境中锻炼自己的能力，积累实践经验。校企合作不仅为学生提供了实践平台，也为企业输送了合格的人才。通过这样的合作，学生在毕业后能够更快地适应工作岗位，提升就业竞争力。

建立评估与激励机制是确保产教融合可持续发展的重要保障。定期评估产

教融合的效果，可以及时发现合作中的不足，促进各方的持续投入和改进合作模式。通过设立激励机制，激发各方的积极性和创造性，确保合作的长效性和可持续性。评估与激励机制的有效实施，为餐旅人才培养提供了坚实的制度保障，推动产教融合向更高水平发展。

（二）餐旅产教融合理事会的职能与运作

餐旅产教融合理事会在产教融合中扮演着至关重要的角色，其职能与运作直接影响着餐旅人才培养的质量与成效。理事会的首要职能是制定和优化人才培养方案，确保课程内容能够紧密结合行业需求。餐旅行业的快速发展对从业人员的技能提出了更高的要求，因此，理事会需不断地更新课程体系，以反映行业的最新动态和技术进步。通过与企业的密切合作，理事会能够及时获取行业信息，调整教育内容，使学生在毕业时具备迎接市场挑战的能力。

理事会还承担着搭建校企合作平台的任务，促进企业与院校之间的资源共享和信息交流。通过这一平台，企业可以向院校提供实习机会和实践项目，而院校则可以为企业输送经过系统培训的高素质人才。这样的合作不仅有助于学生在真实环境中锻炼实践技能，也为企业提供了新鲜的思维和创新的解决方案。理事会的运作可以确保这种双向交流的顺畅进行，为产教融合的深化奠定了坚实的基础。

理事会定期组织行业专家和学者进行研讨，推动餐旅行业的最新发展趋势和技术在教育中的应用。这些研讨会为教师提供了一个学习和交流的平台，使他们能够及时了解行业的前沿动态，并将这些知识融入教学中。通过这种方式，教育与行业实践之间的距离被缩短，学生的学习内容与实际工作需求更加贴合，提升了整体教育质量。

理事会还需评估和监控产教融合的实施效果，及时调整策略以提高人才培养质量。通过定期的评估机制，理事会能够识别出实施过程中的问题和不足之处，并迅速采取措施进行改进。这样的反馈机制不仅有助于提升教育的有效性，还能确保产教融合的持续优化，为学生提供更优质的学习体验。

理事会通过建立奖惩机制，激励企业和院校积极参与产教融合，促进长期合作关系的建立。激励措施包括对积极参与合作的企业和院校给予表彰和奖励，而惩罚措施则针对那些未能履行合作承诺的单位。这样的机制保证了参与各方的积极性和责任感，推动了产教融合的可持续发展。通过这些措施，理事会成功地在企业和院校之间建立了互信和合作的桥梁，为餐旅人才的培养创造了良好的生态环境。

（三）跨部门协作平台的构建与优化

在餐旅人才培养中，跨部门协作平台的构建与优化至关重要。通过建立跨部门协作机制，可以有效地促进政府、行业、企业与院校之间的信息共享与资源整合。这种协作机制不仅能提升各方在餐旅人才培养中的参与度，还能确保资源的最大化利用，推动人才培养的质量提升。通过这种机制，各方能够更加准确地了解行业需求与教育现状，从而在人才培养中实现更高的契合度。

为了确保跨部门协作的有效性与可持续性，制定跨部门合作协议是关键步骤。合作协议的制定需要明确各方在产教融合中的角色与责任，从而在合作过程中避免职责不清或责任推诿的情况。协议的存在为各方提供了清晰的合作框架，不仅提高了协作的效率，也为长期合作奠定了基础。各方在协议框架下进行合作，有助于在餐旅人才培养中形成合力，推动行业与教育的共同进步。

跨部门联合培训项目的开展，能够显著地提升教师与企业人员的专业素养。这些培训项目的设计应注重课程的实用性与前瞻性，以便参与者能够将所学知识应用于实际工作中，并为未来行业发展做好准备。通过联合培训，不仅可以提升教师的行业敏感度，还能增强企业人员的教育意识，从而在产教融合中实现双向促进，为餐旅人才培养提供更加贴合实际的教育方案。

定期召开跨部门会议是评估合作进展与成效的重要手段。这种会议为各方提供了一个交流与反馈的平台，使得合作中的问题能够被及时发现与解决。通过对合作进展的评估，各方可以根据行业变化与人才需求，及时调整策略，确保产教融合的方向与目标始终与市场需求保持一致。这种动态调整机制，有助于在快速变化的行业环境中，保持人才培养的前瞻性与适应性。

搭建数字化协作平台是提升产教融合效率与效果的重要举措。信息技术的应用，使得各方能够实现实时沟通与协作，从而在信息传递与资源共享上大大提高效率。数字化平台不仅打破了地域与时间的限制，也为各方提供了一个便捷的信息交流渠道。这种技术的应用，既提升了产教融合的整体效率，也为各方在餐旅人才培养中的协作提供了新的可能性。

二、产教融合的运行模式分类

（一）“订单式”人才培养模式的实施路径

“订单式”人才培养模式的实施路径在当前餐旅行业中扮演着至关重要的角

色。通过明确企业需求，精准制定人才培养目标，确保培养方案与行业实际需求高度契合，这一模式能够有效地应对市场的动态变化。企业需求的明确化为人才培养提供了方向指引，使培养方案不仅具有前瞻性，还能在实际应用中展现出高度的适配性。通过与企业的紧密合作，院校能够更好地了解行业趋势，进而优化课程设置，实现培养目标与行业需求的无缝对接。

建立校企合作机制是“订单式”人才培养模式的核心要素。企业参与课程设计和教学过程，能够显著地提升课程的实用性和针对性。这种合作不仅使得课程内容更贴近实际工作场景，还能为学生提供更具实战意义的学习体验。通过企业的参与，课程设计能够及时反映行业的新动态和新需求，确保学生在毕业时具备与市场需求相符的技能和知识储备。校企合作机制的建立，为学生提供了更广阔的视野和更丰富的学习资源。

推行定制化实习计划是“订单式”人才培养模式中的关键环节。企业为学生提供实习岗位，不仅增强了学生的实践经验和就业能力，还为企业输送了经过专门培养的高素质人才。定制化实习计划的推行，使学生能够在真实的工作环境中锻炼技能，积累经验，同时也为企业提供了观察和选拔人才的机会。这种双赢的局面，促进了校企合作的深入发展，也为学生的职业发展奠定了坚实的基础。

定期评估“订单式”人才培养的效果是确保其持续有效的重要手段。通过收集企业反馈，院校能够及时调整培养方案，以适应市场变化。这种动态的评估机制，使得培养方案能够不断地优化，保持与行业发展的同步性。企业反馈的收集，不仅为院校提供了宝贵的改进建议，也为未来的人才培养提供了重要的参考依据。通过这样的评估与反馈机制，“订单式”人才培养模式能够在不断完善中实现其最大效能。

构建长效合作关系是“订单式”人才培养模式得以持续发展的保障。企业与院校之间建立稳定的合作协议，能够促进持续的人才培养与发展。这种长效合作关系，不仅为企业和院校提供了稳定的合作基础，也为学生的职业发展提供了持续的支持。通过稳定的合作协议，企业能够在长期内获得符合自身需求的人才，而院校则能够不断提升自身的教学质量和培养水平。这种长效合作关系的构建，为产教融合的深入发展提供了有力的支撑。

（二）“工学交替”模式的实践探索

“工学交替”模式的实践探索在餐旅人才培养中扮演着至关重要的角色。

“工学交替”模式的基本概念与定义强调理论学习与实践工作的有机结合，旨在培养学生的综合素质与实际操作能力。通过这种模式，学生不仅能够在课堂上获取理论知识，还能通过实践将所学应用于真实的工作环境中，从而实现理论与实践的无缝衔接。这种教学模式不仅提升了学生的职业技能，还增强了他们的行业适应能力，为未来的职业发展奠定了坚实的基础。

在课程设置上，“工学交替”模式通过灵活安排理论课程与企业实践，确保学生在校期间能够获得真实的行业经验。课程设计通常采用模块化的方式，将理论学习与实践训练交替进行，使学生在学习理论知识的同时，有机会在企业中进行实践操作。这种安排不仅使学生能够将理论知识应用于实践，还能帮助他们更好地理解和掌握行业所需的技能，从而提高学习的有效性和针对性。

建立有效的企业合作伙伴关系是“工学交替”模式成功实施的关键。通过与行业领先企业建立长期合作关系，学校可以确保企业为学生提供真实的工作环境和项目。这种合作模式不仅为学生提供了宝贵的实践机会，还增强了他们的实践技能与就业竞争力。企业也从中受益，通过与学校的合作，能够在项目中引入新鲜的思维和观点，同时也为企业未来的人才储备打下了基础。

定期评估“工学交替”模式的实施效果是提升人才培养质量的重要手段。通过收集学生与企业的反馈，学校可以及时调整教学内容和实践安排，以确保教学与行业发展的同步性。这种反馈机制不仅有助于发现教学中的不足，还能为课程的持续改进提供数据支持，从而不断地提高教育质量，满足行业对人才的需求。

促进师资力量的双向交流是“工学交替”模式中不可或缺的一部分。鼓励企业专业人员参与课程教学，不仅可以提升教师的实践经验，还能增强课程的行业适应性。通过这样的双向交流，教师可以获得最新的行业动态和实践技能，而企业人员也能了解最新的教育理念和教学方法，从而实现双方的互利共赢，进一步推动产教融合的深入发展。

（三）“现代学徒制”在餐旅领域的创新应用

“现代学徒制”在餐旅领域的创新应用是一种通过校企合作实现理论与实践有机结合的人才培养模式。这一模式的基本框架包括学校与企业共同制定培养计划，学生在学校学习理论知识的同时，在企业中进行实践操作。实施步骤通常包括选择合适的企业合作伙伴、设计结合实际需求的课程内容以及安排学生在企业中的实习环节。通过这种模式，学生能够在真实的工作环境中学习和应用所学知识，增强对餐旅行业的理解和适应能力。

学徒制下的职业技能培训尤为注重培养学生在实际工作环境中的操作能力和职业素养。在餐旅领域，学生不仅需要掌握烹饪、服务等基本技能，还需具备应对突发状况的能力和团队合作精神。因此，“现代学徒制”强调通过在岗培训，让学生在真实的工作环境中锻炼和提升技能。企业导师在这一过程中扮演着关键角色，他们不仅传授技术，还通过言传身教帮助学生养成良好的职业习惯和态度，塑造其职业素养。

企业在“现代学徒制”中承担着重要角色与责任。

首先，企业需提供实习岗位，确保学生有机会参与实际工作。

其次，企业应积极参与课程设计，确保课程内容能够满足行业需求，并与实际工作相结合。

最后，企业还需参与评估学徒表现，为学生提供反馈，帮助其识别自身优势和改进方向。通过这种深度参与，企业能够确保学徒制的培训效果，同时为自身培养出符合需求的人才。

学徒制对学生职业发展的促进作用不容忽视。通过参与真实的工作项目，学生不仅提升了就业竞争力，还增强了职业适应能力。学徒制提供的实践机会让学生在毕业前就积累了宝贵的工作经验，在竞争激烈的就业市场中给予了他们显著的优势。此外，企业在学徒期对学生的考查和指导，也有助于学生更好地理解自身职业方向，明确未来发展路径。

建立完善的学徒制评估体系是确保人才培养持续改进的关键。定期收集反馈信息，优化培训内容和实践安排，可以有效地提高学徒制的实施效果。评估体系应涵盖学生的理论知识掌握情况、实践能力提升、职业素养发展等多个方面。通过不断的反馈和调整，学校和企业能够及时发现并解决问题，确保学徒制在餐旅领域的应用更加成熟和有效。

三、产教融合的管理机制创新

（一）利益分配与风险共担机制设计

在产教融合的过程中，利益分配与风险共担机制的设计至关重要。建立一个合理的利益共享机制是确保政府、行业、企业和院校在合作中能够公平获得利益的基础。通过这种机制，各方可以积极参与到人才培养中，从而推动整体教育和产业的共同发展。利益共享的设计需要考虑各方的实际贡献和需求，确保在合作中没有一方被忽视或过度索取。这样的机制不仅能够提升合作的效率，还能增强合作的持久性和稳定性。

同时，设计风险共担协议是降低合作不确定性的重要步骤。在产教融合过程中，各方可能面临不同类型的风险，这些风险如果不进行管理，可能导致合作的失败。因此，明确各方在合作中可能面临的风险，并制定相应的应对措施，显得尤为重要。通过风险共担协议，合作各方可以在遇到困难时及时调整策略，确保合作项目的顺利推进。这种协议不仅是对合作的保障，还是对各方信任的考验。

设立透明的评估体系也是利益分配与风险共担机制设计中的关键环节。通过定期的评估和反馈，各方在产教融合中的贡献和收益能够得到客观的衡量与认可。这种评估体系需要具备公正性和透明度，以确保各方的努力能够被如实反映，并为后续合作提供数据支持。透明的评估不仅能提升合作的信任度，还能为未来的合作提供有力的指导和借鉴。

推动多元化投资模式是支持产教融合项目可持续发展的重要手段。鼓励企业、院校及政府共同出资，能够形成合力，为产教融合项目提供充足的资金支持。这种多元化的投资模式不仅能有效分散投资风险，还能为项目的创新和发展提供更多的可能性。通过多方的共同努力，产教融合项目可以在资金和资源上获得更广泛的支持。

建立灵活的退出机制是保障各方合法权益和合作灵活性的必要措施。在合作过程中，可能会出现不适合继续合作的情况，此时，灵活的退出机制能让各方在特定条件下调整或退出合作关系。这样的机制不仅保护了各方的合法权益，也为合作的重新调整和未来的合作奠定了基础。通过这样的设计，产教融合的合作能够在变化的环境中保持灵活性和适应性。

（二）动态调整机制在产教融合中的应用

在产教融合的背景下，动态调整机制的应用显得尤为重要。该机制旨在通过灵活的调整和更新，确保人才培养方案与行业需求的无缝对接。建立动态反馈机制是其中的关键环节，通过定期收集企业、院校和学生的反馈信息，能够及时识别课程内容与实际行业需求之间的差距。这种反馈不仅能帮助院校在课程设计上作出必要的调整，还能促使企业和学校之间形成更紧密的合作关系，确保培养出的人才能够满足市场的实时需求。

引入数据驱动的决策支持系统也是动态调整机制的重要组成部分。此系统通过对市场趋势和用人需求的分析，提供数据支持，帮助院校动态调整课程设置和实习安排。通过这种方式，院校可以更精准地培养出符合行业标准的人才，提升学生的就业竞争力。此外，数据分析还可以为院校提供关于课程有效性和学生学习成果的量化指标，帮助其进行更科学的教育决策。

为了保持教育的前瞻性和适应性，设立灵活的课程更新机制显得尤为重要。随着行业技术和市场的不断变化，教学内容和方法也需要快速更新。这种机制允许院校根据最新的行业发展趋势，及时调整教学内容，确保学生掌握的技能始终保持在行业前沿。通过这种方式，院校不仅能够提升自身的教育质量，还能在激烈的教育市场竞争中保持优势。

实施定期评估与审查制度是确保产教融合持续有效性的必要手段。通过量化评估各方在产教融合中的参与效果，院校能够及时发现合作中的问题，并进行相应调整。这种制度不仅有助于提高合作的效率和效果，还能增强各方的参与积极性，进一步推动产教融合的深入发展。

推动校企之间的沟通与协调也是动态调整机制不可或缺的一部分。建立常态化的交流平台，促进信息共享，能够确保各方在人才培养中的需求和目标及时得到调整和优化。这种平台不仅为院校和企业提供了一个交流和合作的渠道，还能为学生提供更多的实习和就业机会，帮助他们更好地融入行业环境。通过这种多方协作的方式，产教融合的人才培养模式将更具有活力和效率。

（三）校企双主体治理模式的构建

校企双主体治理模式作为产教融合的重要创新，强调学校与企业在人才培养中的共同决策与责任分担。这一模式的基本概念在于，通过建立一个平等合作的治理结构，使得学校和企业能够在人才培养的各个环节中实现深度合作。这一模式不仅关注课程设置和实践安排的协同，更重要的是在决策过程中，学校和企业都能够发挥各自的优势，共同推动餐旅人才的培养质量。通过这种合作，学校可以更好地理解行业需求，而企业则能够参与到教育环节中，确保培养的人才能够适应市场变化。

为了确保校企双主体治理模式的有效实施，建立校企共同委员会是关键。委员会定期召开会议，讨论并决定人才培养目标、课程设置和实践安排等重要事项。通过这种机制，学校和企业能够在战略层面上保持一致性，确保双方的合作不仅仅停留在表面，而是深入教育的核心环节。此外，共同委员会还负责监督和评估合作的实施情况，确保双方的协作能够持续优化。在这种机制下，学校和企业能够有效地沟通与协调，从而在人才培养过程中形成合力。

制定校企合作协议是保障校企双主体治理模式顺利运行的法律基础。协议中明确规定了学校和企业在合作中的权责与利益分配，确保双方在产教融合中的合法权益与责任得以落实。通过协议的制定，学校和企业能够在合作过程中有章可循，避免因责任不清而导致的冲突。此外，协议还为双方提供了一个明确的合作框架，使得双方在合作中能够更加专注于如何提高人才培养的质量，而不是纠结于利益分配的问题。

推动校企联合评估机制是校企双主体治理模式中的重要环节。通过定期评估人才培养效果与实践成果，学校和企业能够及时发现合作中的问题，并进行相应的调整与改进。这种评估机制不仅有助于提高人才培养的质量，还能够为学校和企业的合作提供数据支持，确保合作能够持续优化。通过评估，学校能够更好地了解企业的需求，而企业也能够及时反馈教育过程中存在的问题，从而实现双方的共赢。

校企双主体治理模式鼓励校企共同开发创新项目。通过合作研发，学校和企业能够提升课程的前瞻性与适应性，从而增强学生的实践能力与就业竞争力。这种合作不仅能够为学生提供更多的实践机会，还能够为学校和企业带来新的发展机遇。在创新项目的开发过程中，学校和企业可以充分发挥各自的优势，共同推动餐旅人才培养的创新与发展。通过这种合作，学生不仅能够获得更好的教育，还能够在毕业后更好地适应职场需求。

第三节　产教融合的实践平台与资源整合

一、产教融合实践平台的类型与功能

（一）校内实训基地的“产学研”一体化设计

校内实训基地的“产学研”一体化设计在产教融合中扮演着重要角色。其核心在于将理论教学、实践操作和科研活动有机结合，形成一个多功能的教育平台。校内实训基地不应仅仅是一个实践操作的场所，而应成为一个集教学、科研和实践于一体的综合性平台。通过这样的设计，学生不仅能够在课堂上学习理论知识，还能在实训基地中将这些知识付诸实践，并通过参与科研活动，增强对知识的理解和应用能力。这种一体化的设计不仅提升了学生的实践能力，也为教师和行业专家提供了一个共同合作的平台，有助于推动教育与产业的深度融合。

校内实训基地应与行业标准紧密对接，确保实训内容符合当前市场需求，提升学生的实际操作能力。在设计和运营实训基地时，必须充分考虑行业的最新发展动态和技术标准。通过与行业企业的合作，实训基地可以引入最前沿的技术和设备，使学生在校期间就能接触到实际工作中可能遇到的设备和技术问题。这种紧密对接不仅提高了学生的就业竞争力，也使教育更贴近市场需求，有效地缩短了学生从学校到职场的适应期。

基于校内实训基地的多功能性，结合理论教学、实践操作和科研活动，实现产学研的有机融合，是提升教育质量的重要途径。在实训基地中，理论教学不再是孤立的知识传授，而是与实践操作紧密结合的综合性学习过程。通过这种多功能的实训基地，学生可以在真实的工作环境中应用所学知识，进行实践操作，并参与科研项目的开发。这种结合不仅提高了学生的动手能力和创新能力，也为教师提供了一个进行应用研究的平台，促进了教学与科研的相互促进和共同发展。

引入行业专家参与实训基地的建设与管理，为学生提供专业指导和实践经验，增强教学的实用性。行业专家的参与能够为实训基地提供最新的行业动态和实践经验，使教学内容更具实用性和前瞻性。专家不仅可以参与课程的设计和开发，还可以直接指导学生的实践活动，帮助他们更好地理解行业需求和工作流程。这种专家参与的机制，不仅提升了学生的学习体验，也为教师提供了一个与行业交流和合作的平台，促进了教育与产业的深度融合。

实施实训项目的动态更新机制，根据行业发展和技术进步，及时调整实训内容和方法，保持教育的前瞻性。行业的发展和技术的进步是快速而不断变化的，实训基地必须具备灵活的调整机制，以适应这些变化。通过定期更新实训项目和教学内容，实训基地能够始终保持教育的前瞻性和实用性。这种动态更新机制不仅使学生能够学习最新的技术和方法，也为教师提供了一个不断学习和提升的平台，确保教育始终走在行业发展的前沿。

鼓励学生在实训基地中开展创新项目，培养其自主学习和解决实际问题的能力，提升综合素质。在实训基地中，学生不仅是知识的接受者，还是创新项目的参与者和实践者。通过参与创新项目，学生能够将所学知识应用于实际问题的解决，培养其自主学习的能力和创新思维。这种以学生为中心的教育模式，不仅提高了学生的综合素质，也为社会培养了具有创新能力和实践能力的高素质人才。

（二）校外实习基地的共建共享机制

校外实习基地的共建共享机制在产教融合中扮演着至关重要的角色。通过建立合作协议，明确各方在实习过程中的职责和权益，确保学生在实习期间获得充分的支持与指导。合作协议不仅是法律上的保障，还是各方合作的基础，确保校企双方在实习过程中有明确的分工与合作模式。协议中详细规定了企业和院校在实习生管理、指导和评估中的具体责任，这有助于提高实习的质量和效率。通过这种机制，学生能够在实习期间得到来自企业和学校的双重支持，确保其在真实的工作环境中获得全面的发展。

构建校外实习基地的资源共享机制是提升实习资源利用效率与实习质量的关键。企业与院校之间的信息交流与资源共享不仅能够提高实习的质量，还能促进双方的长期合作。通过资源共享，企业能够为学生提供真实的工作项目，使学生在实习期间能够接触到实际的行业需求和工作流程。这种实践性与针对性强的实习安排，有助于学生在实际工作中锻炼技能和提升素养，同时也为企业带来了新鲜的视角和创新的思维方式。资源共享机制的建立，促进了校企之间的紧密合作，为实习生提供了一个良好的学习和成长环境。

定期组织校外实习基地的评估与反馈会议，是确保实习内容和安排能够及时调整以满足行业需求的重要手段。这些会议不仅为学生和企业提供了一个交流的平台，也为院校提供了改进实习安排的依据。通过收集学生与企业的意见，院校能够更好地了解目前的实习安排中存在的问题和不足，从而进行有效的调整和改进。这种反馈机制的存在，确保了实习过程的动态调整和优化，使得实习安排能够紧跟行业发展的步伐，满足不断变化的市场需求。

推动企业为学生提供真实的工作项目，是增强实习实践性与针对性的有效途径。通过参与真实的工作项目，学生能够将课堂上学到的理论知识应用到实际工作中，从而提高其解决实际问题的能力。这种实习安排，不仅有助于学生技能的提升，也为企业带来了新鲜血液和创新思维。企业在提供项目的同时，也能够从学生的表现中发现潜在的人才，为未来的人才储备打下基础。这种双赢的合作模式，是校外实习基地共建共享机制的核心所在。

建立校外实习基地的培训与指导体系，是提升企业员工和院校教师在实习指导过程中的专业能力与教学水平的重要手段。通过定期为企业员工和院校教师提供培训，可以确保他们在指导学生时具备最新的行业知识和教学方法。这不仅提高了实习指导的质量，也增强了企业和院校在产教融合中的合作深度。培训与指导体系的建立，能够确保校外实习基地持续为学生提供高质量的实习机会，为餐旅人才的培养提供坚实的保障。

（三）虚拟仿真平台在餐旅教学中的应用

虚拟仿真平台在餐旅教学中的应用已经成为现代教育技术的重要组成部分。该平台通过先进的技术手段，为学生提供了一种沉浸式的学习体验，使其能够在一个安全、可控的环境中模拟真实的餐旅服务场景。通过这种方式，学生不仅可以提升操作技能，还能增强在实际工作中应对各种情况的能力。这种模拟环境的设计旨在让学生在不必承担真实错误后果的情况下，进行多次尝试和练习，从而培养出更自信和熟练的专业技能。

在虚拟仿真平台上，学生可以反复练习餐旅行业中的关键技能。例如，餐桌服务、食品准备以及客户沟通等，这些都是餐旅管理中至关重要的环节。通过不断的练习，学生能够促进对课程内容的理解与掌握，从而在实际操作中表现得更加从容和专业。这种学习方式不仅提高了学生的动手能力，也强化了他们对理论知识的应用能力，使理论与实践能够更好地结合。

虚拟仿真技术的另一个显著优势在于其能够实时反馈学生的表现。这一功能使教师可以根据学生的具体表现进行个性化指导，帮助学生发现并改进自身的不足。通过这种方式，教学变得更加有针对性和高效，教师能够根据每位学生的学习进度和特点，制定出更适合的教学方案，从而最大限度地提升学生的学习效果。

虚拟仿真平台支持多种场景设置，能够模拟不同类型的餐饮环境，如高档餐厅、快餐店等。这种多样化的场景模拟使学生具备适应不同工作环境的能力。无论是面对高端客户的精致服务，还是在快节奏的快餐店中高效运作，学生都能从容应对。这种多场景的训练不仅丰富了学生的学习体验，也为他们未来的职业发展提供了更广阔的选择。

虚拟仿真平台的应用有效地降低了实训成本，减少了对真实场地和材料的依赖。传统的餐旅教学往往需要大量的实物资源和场地，而虚拟仿真技术则通过数字化手段解决了这些问题，使教育资源的配置更加高效与灵活。学校可以在不增加额外成本的情况下，为学生提供更丰富的学习资源和机会，从而提高整体的教学质量和效果。

二、产教融合平台的创新实践

（一）“双创”孵化平台在餐旅领域的探索

“双创”孵化平台在餐旅领域的探索，旨在为学生提供一个将创意转化为实际商业项目的实践环境。这些平台通过提供创业支持，帮助学生在真实的商业环境中锤炼他们的创业能力。通过参与这些孵化项目，学生能够在实践中学习如何将创新理念付诸实施，并积累宝贵的经验。这种实践导向的学习模式，不仅提升了学生的创业技能，还培养了他们解决实际问题的能力。

孵化平台通过整合行业资源，为学生提供行业专家的指导和市场需求分析。这一策略增强了项目的可行性与市场竞争力。专家的指导帮助学生深入理解行业动态和市场趋势，使他们的项目更具有针对性和创新性。市场需求分析则为学生提供了一个了解消费者需求和市场空白的窗口，有助于他们在项目开发过程中作出更明智的决策。这种资源整合不仅提高了学生项目的成功率，也为他们未来的职业发展奠定了坚实的基础。

在双创孵化平台的支持下，学生可以获得资金支持和投资对接，从而降低创业风险，促进创新项目的落地。这些平台通常与风险投资机构和企业建立合作关系，为学生提供资金渠道和投资机会。通过这些支持，学生能够在项目的初期阶段获得必要的资金保障，减少财务压力。此外，投资对接也为学生提供了一个展示其项目的机会，吸引更多投资者的关注和参与，进一步推动项目的实施和发展。

孵化平台鼓励跨学科合作，促进餐旅领域与其他行业的融合创新。这种合作模式推动了多元化的项目开发与实施，使学生能够在不同学科的交叉点上发现新的机会和灵感。跨学科合作不仅扩宽了学生的视野，还提升了他们的团队协作能力和创新思维。在这种合作环境中，学生能够学习如何将不同领域的知识和技术结合起来，创造出具有更高附加值的创新产品和服务。

平台建立评估与反馈机制，定期对孵化项目进行评估，帮助学生不断地优化商业模型和提升项目质量。这种机制通过定期的项目评估和反馈，帮助学生识别项目中的不足，并提出改进建议。通过持续的优化和调整，学生能够提高项目的质量和市场竞争力。此外，评估与反馈机制还为学生提供了一个自我反思和成长的机会，使他们在创业的过程中不断地进步和成熟。

（二）智慧旅游平台与产教融合的融合

智慧旅游平台与产教融合的融合是现代教育与产业发展的重要趋势。智慧旅游平台通过先进的数据分析技术和用户反馈机制，能够实时调整旅游课程内容。这种动态调整机制确保教育内容与市场需求的紧密结合，使得学生在学习过程中能够获取最新、最具实用性的知识与技能。这种融合不仅提升了教育的实效性，还为学生的职业发展奠定了坚实的基础。智慧旅游平台的这一功能体现了教育与产业之间的良性互动，促进了人才培养模式的创新。

智慧旅游平台不仅在课程内容上实现了创新，还通过整合旅游行业的丰富资源，为学生提供了更多的实习和就业机会。这种资源整合极大地增强了学生的职业技能和市场竞争力。通过在真实的行业环境中进行实践，学生能够更好地理解和应用课堂上学到的知识。这种实践经验的积累，不仅提高了学生的就业能力，也缩短了从学校到职场的过渡时间。智慧旅游平台的这种资源整合能力，使得产教融合的效果得到了显著的提升。

智慧旅游平台利用虚拟现实技术，为学生提供了沉浸式的学习体验。在这种模拟环境中，学生可以进行实际操作，提升其动手能力和问题解决能力。虚拟现实技术的应用，打破了传统课堂的限制，为学生提供了更加直观和生动的学习方式。这种技术的应用，不仅提高了学生的学习兴趣，也增强了他们的实际操作能力，为未来的职业发展做好了准备。

通过智慧旅游平台，学生还可以参与在线项目管理，培养其团队协作和项目执行能力。这种在线项目的参与，不仅锻炼了学生的组织能力和沟通能力，也增强了其综合素质。团队协作和项目管理能力是现代职场中必不可少的技能，智慧旅游平台通过这种方式为学生提供了一个锻炼和提升的机会，帮助他们在未来的职业生涯中更具有竞争力。

智慧旅游平台还建立了行业专家与院校教师的互动机制，促进了知识共享与教学内容的更新。这种互动机制不仅提高了教育的前瞻性和适应性，也为教师提供了一个不断学习和提升的平台。通过与行业专家的交流，教师能够及时了解行业的发展动态和最新需求，从而更好地调整教学内容和方法。这种知识的共享与更新，不仅有利于教师的专业发展，也为学生提供了更前沿和实用的教育内容。

（三）国际合作平台对产教融合的推动

国际合作平台在推动产教融合方面发挥着至关重要的作用。通过这些平台，餐旅院校能够与世界各地的教育机构和企业建立联系，为学生提供更广阔的学习和发展空间。这不仅有助于拓宽学生的全球视野，还能帮助他们更好地理解和适应国际市场的需求。在全球化的背景下，具备国际视野的餐旅人才更能在激烈的市场竞争中脱颖而出，成为行业中的佼佼者。

国际合作平台为餐旅人才培养提供了重要的全球视野。通过参与国际项目和交换生计划，学生能够亲身体验不同国家的文化和市场运作模式。这种经历不仅拓宽了他们的国际视野，还增强了他们对多元文化的理解和包容能力。此外，国际合作也为学生提供了与国际同行交流的机会，促进了他们对全球餐旅行业动态的了解和适应能力的提升。这种国际化视野的培养，使得学生在未来的职业发展中能够更好地应对全球市场的挑战。

通过国际合作，餐旅院校得以引进国外先进的教育理念和教学方法。这种跨国教育合作使得院校能够借鉴国际上成功的教学经验，从而提升自身的教育质量和实践相关性。国际合作不仅限于课程内容的引进，还包括教学方法的创新和教育评估体系的完善。通过这种方式，院校能够更好地培养出符合国际标准的餐旅人才，为学生的职业发展提供坚实的基础。

国际合作平台还为学生提供了多元化的实习和就业机会。在这些平台的支持下，学生可以在全球范围内寻找实习和就业机会，从而拓展自己的职业发展空间。这种全球化的职业发展路径不仅提升了学生的就业竞争力，还为他们提供了在国际大企业中工作的机会，积累了宝贵的国际工作经验。这种实践经验的积累，对于学生未来的职业发展具有重要意义。

借助国际合作，餐旅行业的企业也能够积极参与到教育课程的设计中。这种合作确保了课程内容与国际标准的接轨，使学生在学习过程中能够接触到最新的行业动态和技术。这种课程设计的创新，不仅提高了学生的学习兴趣，也增强了他们的实践能力和行业适应能力。通过这种方式，企业能够培养出更符合市场需求的人才，为自身的发展储备力量。

国际合作平台还促进了跨国文化交流，增强了学生的跨文化沟通能力与团队协作精神。在国际合作项目中，学生需要与来自不同文化背景的同学和教师合作，这种跨文化的交流与合作，不仅提升了他们的沟通能力，还培养了他们的团队协作精神。跨文化能力的培养，使学生在未来的国际化工作环境中能够更好地适应和发展，为他们的职业生涯奠定了坚实的基础。

三、产教融合资源的整合路径

（一）行业资源与教育资源的对接机制

在餐旅人才培养中，行业资源与教育资源的对接机制是实现产教融合的关键。

建立行业专家顾问委员会是一个重要的步骤。通过定期召开会议，教育机构可以确保其课程内容与行业需求保持紧密对接。这种机制不仅能使课程内容更加贴近实际工作需求，还能为学生提供最新的行业动态和发展趋势。此外，行业专家的参与也为课程设计提供了宝贵的指导意见，可以确保教育内容的前瞻性和实用性。

开发行业与院校联合培训项目是提升教师实践能力和行业知识的有效途径。通过这些项目，教师可以深入了解行业的最新发展和实际操作技能，从而在教学中更好地指导学生。这种培训不仅有助于教师更新自身的知识储备，还能为学生的职业发展提供更实用的指导。此外，联合培训项目还能加强院校与企业之间的合作关系，为学生创造更多的实践机会。

实施行业实习项目是提高学生职业技能和就业竞争力的重要措施。在真实的工作环境中，学生可以将课堂上学到的理论知识应用到实际操作中，从而更好地理解和掌握所学内容。这种实践经验不仅有助于学生提高职业技能，还能增强他们在就业市场中的竞争力。同时，行业实习项目也为企业提供了观察和选拔优秀人才的机会，进一步促进了产教融合的良性循环。

构建行业资源共享平台可以有效地促进企业与院校之间的信息流通。这一平台为双方提供了一个交流合作的空间，有助于提高资源利用效率。通过共享平台，企业可以及时了解院校的教学动态和学生的学习情况，院校则可以获得企业的最新需求和发展方向。这种信息的双向流动有助于双方更好地调整和优化各自的资源配置，从而实现共赢。

定期开展行业需求调研是及时调整教育课程以适应市场变化的必要手段。通过调研，院校可以收集企业对人才培养的反馈，了解行业对人才的最新需求。

这种反馈机制有助于教育机构及时更新课程内容，确保学生所学技能符合行业标准和市场需求。调研结果还可以为院校制定人才培养战略提供重要参考，进一步提升教育质量和人才培养的针对性。

（二）企业导师与院校教师的协同育人模式

企业导师与院校教师的协同育人模式在产教融合中扮演着至关重要的角色。这一模式的核心在于通过企业与院校的深度合作，充分发挥各自在实践与理论方面的优势，实现资源的最优配置。企业导师制度的建立是这一模式的基础。通过邀请行业内资深专业人士参与课程设计与教学，院校能够确保教学内容与行业前沿保持一致，从而培养出符合市场需求的人才。这种制度不仅有助于学生获取最新的行业知识，还能使他们在学习过程中感受到真实的行业氛围，为未来的职业生涯作好准备。

推动企业导师与院校教师之间的定期交流与合作是实现协同育人的关键。通过双方的互动与分享，院校教师可以及时了解行业动态，调整教学内容和方法，更好地服务于学生的学习需求。同时，企业导师也能从院校教师的教学经验中汲取新的教育理念和方法，提升自身的指导能力。这样的双向交流不仅提高了教育质量，也增强了教学的实践相关性，使学生在理论与实践的结合中受益匪浅。

设计联合培养项目是企业导师与院校教师协同育人的重要形式。在这些项目中，企业导师与院校教师共同指导学生，使学生能够在学习理论的同时，获得实践经验。这种合力的形成，不仅增强了学生的实践能力，也提升了他们的职业素养。在联合培养的过程中，学生能够更好地理解行业需求，掌握专业技能，为未来的职业发展奠定坚实的基础。

实施企业导师的考核与评价机制是保障协同育人模式有效性的必要措施。通过定期评估企业导师对学生培养的贡献，院校可以确保企业导师的积极参与和有效指导。这一机制不仅激励企业导师不断地提升自身的指导水平，也为院校提供了反馈和改进的依据。最终，企业导师的积极参与和有效指导将促进学生的全面发展，使他们在激烈的市场竞争中脱颖而出。

（三）课程资源与岗位标准的动态匹配

课程资源与岗位标准的动态匹配是产教融合的重要环节。通过建立有效的课程资源动态更新机制，确保教学内容与行业岗位标准的实时对接，能够满足不断变化的市场需求。餐旅行业因其特殊性，需要不断地适应市场和消费者的变化，因此，课程资源必须灵活调整，以确保学生所学知识和技能的实用性和前瞻性。通过这种动态匹配，教育机构能够及时更新教学内容，帮助学生在毕业后迅速融入职场，满足行业的实际需求。

为了实现课程资源与岗位标准的有效匹配，制定岗位标准与课程目标的对照表是至关重要的。通过明确各课程所需的技能与知识点，教育机构可以确保人才培养的针对性和有效性。这样的对照表不仅有助于教师在课程设计中更有针对性地选择教学内容，还能指导学生在学习过程中明确学习目标，提升学习效率。这种方法能够确保学生在毕业时具备行业所需的核心能力，从而提高其就业竞争力。

企业的参与是实现课程资源与岗位标准动态匹配的关键。通过引入企业参与课程评审，教育机构可以定期收集企业对岗位标准的反馈，及时调整课程设置。企业的反馈能够为课程设计提供第一手的行业信息，使课程内容更加贴合实际需求。此外，企业参与评审也能深化学生对行业的理解，提高对职业发展的预期，从而在就业市场中占据有利位置。

利用数据分析工具监测行业发展趋势，为课程内容和教学方法的动态调整提供了科学依据。通过数据分析，教育机构可以准确把握行业的变化趋势，从而及时调整课程内容，以适应岗位标准的变化。这种数据驱动的调整方式，不仅提高了课程设置的科学性和合理性，还能帮助学生掌握最新的行业动态，提升其适应能力和创新能力。

推动跨学科课程开发是提升学生综合素质与多元能力的重要手段。在餐旅行业，结合不同岗位标准进行课程开发，能够培养学生的综合素质，增强其在行业中的适应性。跨学科课程不仅能拓宽学生的知识面，还能培养其解决复杂问题的能力，使其在多变的行业环境中游刃有余。通过这种方式，学生不仅能在餐旅行业中找到自己的定位，还能在未来的职业发展中具备更强的竞争力。

四、产教融合资源的优化配置

（一）校企资源互补的协同效应分析

校企资源的互补在餐旅人才培养中发挥着至关重要的作用。通过整合学校的理论知识与企业的实际需求，可以实现课程内容的优化与更新，从而提升人才培养的质量。学校在课程设计中融入企业的实际案例和需求，使学生在学习过程中不仅掌握理论知识，还能了解行业的最新动态和发展趋势。这种互补关系不仅丰富了教学内容，还使课程更加贴近实际应用，提高了学生的学习兴趣和参与度。

校企合作的另一个显著优势在于促进教育资源的共享。企业为学校提供实习机会和行业经验，而学校则为企业输送具备专业知识和技能的人才。这种双向流动的资源共享，使学生在学习理论的同时，能够通过企业实习积累实践经验，提升自身的职业素养和适应能力。企业也通过这种合作，获得了源源不断的高素质人才，确保其在激烈的市场竞争中保持优势。

通过校企资源的互补，学生的就业竞争力得到了显著增强。在实习过程中，学生能够将课堂所学的理论知识与实际操作相结合，积累宝贵的实践经验。这种理论与实践的结合，使学生在毕业后能够迅速适应工作环境，满足企业的用人需求。企业在招聘时，也更倾向于选择具有实习经历和实践能力的毕业生，从而形成了良性循环，推动了整个行业的人才发展。

校企资源的互补还推动了教育模式的创新。企业参与到课程设计与教学过程中，使教育更加贴近市场需求，提升了课程的实用性和前瞻性。企业的参与使课程内容更加动态，能够及时反映行业的变化和发展方向。学校在课程中引入企业的真实案例和项目，使学生能够在真实情境中学习和应用知识，培养其解决实际问题的能力和创新思维。

此外，校企合作还为科研项目的开展提供了新的动力。学校与企业共同参与研究与开发，推动新技术和新产品的孵化，增强了行业的创新能力。通过这种合作，学校的科研成果可以迅速转化为实际应用，提高了研究的效率和成果的转化率。企业通过参与科研项目，也能够获取最新的技术和方法，提升自身的竞争力和创新能力。这种互利共赢的合作模式，为餐旅行业的可持续发展注入了新的活力。

（二）信息技术在资源整合中的应用

信息技术在现代教育中的应用为产教融合提供了全新的视角和工具。通过构建信息技术支持的数据共享平台，校企之间的资源与信息流动得以显著提升。这种平台不仅实现了信息的高效传递，还增强了合作双方在人才培养上的针对性和效率。通过数据共享，企业可以及时反馈行业变化和需求，而高校则能迅速调整教育内容，确保培养出的人才能够满足市场的实际需求。这种双向的信息流动机制，不仅提升了人才培养的质量，还缩短了学生从学校到就业的过渡时间。

在线学习管理系统的应用是信息技术在教育资源整合中的另一大亮点。此类系统支持课程内容的动态更新，使教学内容能够紧跟行业发展步伐，同时，通过提供个性化学习路径来满足不同学生的需求与学习进度。通过这种方式，学生不仅可以在最短的时间内掌握最新的行业知识，还能根据自身的学习节奏进行调整，最大化学习效果。个性化学习的实现，不仅提升了学生的自主学习能力，也增强了其对知识的掌握和应用能力。

大数据分析技术的引入，为教育决策提供了科学依据。通过实时监测行业需求变化，高校可以依据大数据分析结果，调整人才培养方案，使教育内容与市场需求紧密对接。这种动态调整机制，确保了学生所学与企业所需之间的高度契合，从而提高了毕业生的就业竞争力和职业发展潜力。数据驱动的决策模式，已成为现代教育与行业结合的关键。

在实习管理中，信息技术的应用同样发挥了重要作用。通过数字化工具优化实习安排，不仅提高了学生的实习体验，也增强了其就业能力。数字化实习管理平台能够根据学生的专业背景和兴趣爱好，智能匹配合适的实习岗位，同时，跟踪实习过程中的表现，及时给予反馈和指导。这种方式，不仅提高了实习的效率和质量，还使学生在真实工作环境中得到了更好的锻炼和成长。

虚拟现实（VR）与增强现实（AR）技术的应用，为学生提供了沉浸式的学习环境，极大地提升了其实践能力与行业适应性。在餐旅行业，VR 和 AR 技术可以模拟真实的工作场景，让学生在虚拟环境中进行操作和练习，从而在进入实际工作岗位前就具备一定的实践经验。这种技术的应用，不仅丰富了学生的学习体验，还使得教学内容更加生动和直观，为培养高素质的餐旅人才提供了有力的支持。

（三）资源共享机制与利益分配的平衡

在产教融合的背景下，资源共享机制与利益分配的平衡是实现可持续合作的关键。建立清晰的利益分配机制，确保各方在产教融合过程中所获得的收益公平合理，能够有效地激励企业、院校及其他合作伙伴积极参与。这不仅有利于形成长期稳定的合作关系，还能促进各方在资源投入和使用上的积极性。通过合理的利益分配，各方能够在合作中获得实质性的回报，从而增强合作的吸引力和持久性。

制定透明的资源共享协议是保障合作稳定性与可持续性的基础。协议中应明确各方在资源使用和利益分配中的权责，确保合作过程中各方的权益得到保障。透明的协议能够减少合作中的不确定性和摩擦，提高合作的信任度。此外，协议的制定还需考虑各方的实际需求和贡献，确保协议的公平性和可执行性，从而为产教融合的顺利推进提供制度保障。

推动建立动态调整机制是适应不断变化的行业需求的重要手段。随着市场环境的变化和合作效果的显现，及时优化资源分配和利益共享方案显得尤为重要。动态调整机制能够根据最新的市场信息和合作反馈，灵活调整资源的配置方式和利益分配比例，确保合作的经济效益和社会效益最大化。这种机制的建立不仅能够提高合作的效率，还能增强合作的创新能力和适应能力。

引入第三方评估机构进行定期评估是确保资源共享和利益分配效果的重要保障。第三方评估能够提供客观公正的反馈，帮助各方了解自身在合作中的贡献和收益，并据此进行必要的调整。评估结果可以作为调整资源分配和利益共享方案的重要依据，确保合作的公平性和透明度。通过这种方式，各方能够在合作中保持积极性和信任度，从而促进产教融合的深入发展。

鼓励建立多元化的合作模式是适应不同企业和院校需求的有效途径。在产教融合的实践中，不同的企业和院校可能有着不同的资源共享和利益分配需求。探索多样化的合作模式，能够为各方提供更多的、灵活的选择。这不仅有助于满足各方的个性化需求，还能推动产教融合的创新发展。通过多元化的合作模式，各方可以在合作中寻找最优的合作方式，实现资源的高效利用和利益的合理分配。

第四章　数字时代产教融合驱动餐旅人才培养课程体系创新

第一节　模块化课程体系的构建

一、模块化课程框架设计原则

（一）基于能力导向的模块划分标准

模块化课程体系的设计必须紧密围绕能力导向这一核心原则展开。模块划分标准的制定应以行业需求和职业标准为基础，确保学生在学习过程中能够获得与实际工作场景相匹配的技能和知识。这种设计理念不仅能帮助学生更好地适应快速变化的市场环境，还能提高他们在职场中的竞争力。通过对行业标准的深入分析，课程开发者可以识别出关键的能力要求，并据此设计相应的课程模块，使学生在毕业时具备直接进入职场的能力。

课程模块的内容设计需要涵盖广泛的学习内容，以实现全面的人才培养目标。具体而言，课程模块应包括理论知识、实践技能和职业素养三大部分。理论知识的传授为学生提供了坚实的学术基础，而实践技能的培养则帮助学生将理论应用于实际操作中。此外，职业素养的提升也是不可或缺的，包括职业道德、沟通能力和团队合作等方面的训练。通过这样的全面设计，学生不仅能掌握必要的专业技能，还能在职业素养上得到提升，为未来的职业发展奠定基础。

在模块划分过程中，必须充分考虑学习者的个体差异。这意味着课程设计需要提供灵活的学习路径和多样化的选择，以满足不同学生的学习需求和职业发展方向。通过个性化的学习方案，学生可以根据自身的兴趣和职业目标选择适合的学习模块，从而实现更高效的学习体验。这种以学生为中心的设计方法，不仅提高了学习的自主性，还能激发学生的学习动力和创造力。

每个课程模块都应设定明确的学习成果和评估标准，以确保学生能够在完成模块后达到预期的能力水平。明确的学习成果有助于学生了解学习的目标和方向，而合理的评估标准则为学生提供了一个衡量学习效果的客观依据。通过对学习成果的持续评估，教师可以及时调整教学策略，帮助学生克服学习中的困难，确保每位学生都能在课程结束时达到既定的学习目标。

模块化课程的设计还应促进跨学科的整合，鼓励学生在不同领域之间建立联系，从而提升其综合素质和创新能力。跨学科的学习不仅能拓宽学生的知识面，还能培养他们的批判性思维和解决复杂问题的能力。在数字时代，跨学科的整合显得尤为重要，因为许多新兴行业都需要多学科知识的结合。通过跨学科的学习，学生可以更好地理解和应对复杂的现实问题，为未来的发展创造更多的可能性。

（二）模块化课程与职业岗位需求的映射关系

模块化课程与职业岗位需求之间的映射关系是课程设计中至关重要的一环。模块化课程设计应与行业岗位的实际技能要求紧密对接，以确保学生在毕业后具备相关的职业能力。这不仅有助于学生在进入职场时迅速上手，还能提升教育机构的声誉和吸引力。在设计课程时，每个模块都需针对特定职业岗位的核心职责进行开发，确保学生能够满足用人单位的需求。这种针对性的设计能够使学生在学习过程中明确其职业方向与目标，提升学习的针对性和有效性。

通过行业专家的参与，课程模块的内容可以不断地更新，以反映最新的市场趋势和技能要求。这一过程不仅确保了课程的前瞻性，还能使学生在学习过程中接触到最新的行业动态，培养其适应快速变化的行业环境的能力。此外，课程模块应包含职业发展路径的指导，帮助学生理解不同岗位的职业发展需求和晋升机会。这种指导可以为学生职业生涯的早期阶段提供清晰的方向，帮助他们规划未来的职业路径。

模块化课程应提供实践机会，模拟真实工作环境，增强学生的就业竞争力和适应能力。通过实践，学生能够在校期间积累宝贵的经验，提升其在职场中的竞争力。实践环节不仅有助于学生掌握理论知识的实际应用，还能培养其解决实际问题的能力，增强其在复杂工作环境中的适应性。这样的课程设计能够有效地缩短学生从学校到职场的过渡时间，提高毕业生的就业率和职业满意度。

（三）模块化课程体系的弹性化设计策略

模块化课程体系的弹性化设计策略是应对数字时代教育需求变化的重要手段。模块化课程设计应采用灵活的学习时间安排，以适应学生不同的学习节奏和生活安排，鼓励自主学习和时间管理能力的提升。这种设计策略不仅能够满足多样化的学习需求，还能提升学生的学习效率和生活质量。在模块化课程中，灵活的学习时间安排意味着学生可以根据自己的时间表选择学习的进度和节奏，从而在不影响其他生活和学习任务的情况下，更好地掌握课程内容。这种策略的实施，需要教育机构在课程设计时充分考虑学生的个体差异，提供多元化的学习路径和选择。

为了增强模块化课程的灵活性和实用性，课程模块应提供多样化的学习资源，包括在线课程、实地考察和企业实习。这些多样化的资源不仅能够丰富学生的学习体验，还能帮助他们将理论知识与实际应用相结合，增强实践能力和职业素养。在线课程为学生提供了便捷的学习途径，可以随时随地进行学习，而实地考察和企业实习则为学生提供了宝贵的实践机会，使他们能够在真实的工作环境中应用所学知识。这种多元化的学习资源配置，有助于培养学生的综合能力，满足现代餐旅行业对人才的多方面要求。

模块化课程应允许学生根据个人兴趣和职业规划选择不同的模块组合，形成个性化的学习路径，提升学习的主动性和针对性。这一策略强调了学生在学习过程中的主体地位，鼓励他们根据自身的兴趣和职业目标进行课程选择，从而激发学习动机和兴趣。通过个性化的学习路径，学生能够更有针对性地发展自己的专业技能和知识储备，提高在未来职场中的竞争力。此外，个性化的学习路径还可以帮助学生更好地适应不断变化的行业需求，培养他们的创新能力和适应能力。

课程体系应定期进行评估和反馈，及时调整模块内容和结构，以应对行业变化和学生反馈，确保课程的持续适应性和有效性。定期评估和反馈机制是课程体系保持动态适应性的重要保障。通过对课程内容和结构的定期审视，教育机构可以及时发现课程中的不足之处，并根据行业发展趋势和学生的实际需求进行调整。这种持续的评估和反馈机制，不仅能提高课程的质量和效果，还能增强学生的学习体验和满意度。通过不断优化课程体系，教育机构能够更好地培养出符合现代餐旅行业需求的人才，推动行业的可持续发展。

二、核心能力模块的分类与开发

（一）餐饮服务核心技能模块构建

餐饮服务核心技能模块的构建是现代餐旅教育体系中的关键环节。随着数字时代的到来，餐饮行业对从业人员的要求日益提高，核心技能模块的设计需要紧密结合行业需求，以培养出符合市场需求的人才。餐饮服务的基本操作技能是核心技能模块的基础，包括对点餐、上菜、清理桌面等基本流程的掌握。这些技能不仅是餐饮服务的基本要求，也是提升顾客体验的关键所在。通过模块化的训练，学生可以在模拟的真实环境中反复练习，逐步掌握这些技能，并在实际操作中灵活应用。

在餐饮服务中，客户服务技能的培养尤为重要。现代消费者的需求多样化，提升沟通能力、应对投诉和提供个性化服务成为餐饮从业人员必备的技能。模块化课程设计通过案例分析和角色扮演等教学方法，帮助学生提高与顾客沟通的技巧，学会在不同情境下灵活应对顾客需求与投诉。这不仅提升了学生的实际操作能力，也增强了他们的职业信心，为未来的职业发展奠定了坚实的基础。

食品安全与卫生知识的学习是确保餐饮服务过程中遵循相关法规和标准的关键。模块化课程体系中，食品安全模块的设置不仅包括理论知识的传授，还结合实际操作，确保学生能在实践中严格遵循卫生标准，保障顾客健康。通过模拟真实的餐饮环境，学生能够更好地理解和执行食品安全法规，提高他们在实际工作中的执行力和责任感。

团队协作与沟通能力的培养在餐饮服务中同样重要。模块化课程通过团队项目、合作任务等方式，强调在餐饮服务中有效团队合作的重要性。学生在团队合作中不仅能提升沟通能力，还能培养领导能力和协调能力。这种能力在现代餐饮行业中至关重要，能够显著地提升服务质量和工作效率，进而提高顾客满意度。

餐饮服务中的销售技巧与促销策略是模块化课程体系的重要组成部分。通过学习销售技巧，学生能够理解如何提升销售额和顾客满意度。课程中通过模拟销售情境、分析成功案例等方式，帮助学生掌握促销策略和销售技巧。这些技能不仅有助于学生在未来的职业生涯中取得成功，也为餐饮企业带来了更高的经济效益和市场竞争力。

（二）旅游管理综合能力模块设计

旅游管理综合能力模块设计旨在为学生提供系统化的知识与技能，以应对不断变化的旅游市场需求。该模块不仅关注理论知识的传授，还强调实践能力的培养。通过模块化的课程设计，学生能够在学习过程中逐步构建起旅游管理的综合能力，从而在未来的职业生涯中具备更强的竞争力。模块设计的核心在于整合多学科知识，结合实际案例分析，使学生能够在真实情境中应用所学知识，提升解决复杂问题的能力。

旅游市场分析与研究能力是旅游管理综合能力模块中的重要组成部分。学生通过该模块的学习，能够掌握市场调研的基本方法，包括问卷设计、数据收集与分析等。数据分析技能的培养，使学生能从海量信息中提取有价值的市场洞察，为制定旅游产品和营销策略提供科学依据。通过对市场趋势的分析，学生还可以预测旅游市场的发展动向，进而设计出具有竞争力的旅游产品，满足不同客户群体的需求。

旅游资源管理能力模块着重于培养学生对旅游资源的识别、评估与保护意识。学生在学习过程中，通过深入了解自然与人文旅游资源的特性与价值，掌握资源评估的方法与工具。通过案例分析，学生能够理解资源管理中的复杂性与挑战性，从而在实践中应用所学知识，促进旅游资源的可持续利用。该模块还强调资源保护的重要性，帮助学生树立可持续发展的理念，为未来的旅游管理工作奠定基础。

旅游项目策划与运营管理能力模块旨在培养学生的项目管理能力。学生将学习如何进行项目立项、规划、实施与评估，确保旅游项目的可行性与营利性。通过模拟项目管理的全过程，学生能够体验到项目管理中的实际操作与决策过程。该模块注重培养学生的创新思维与实践能力，使其能够在复杂多变的市场环境中，设计出具有创新性与可持续性的旅游项目，提升其在行业中的竞争力。

客户关系管理能力模块强调与游客的互动和沟通技巧的培养。通过该模块的学习，学生将掌握客户关系管理的基本原理与方法，了解如何通过有效的沟通与服务提升客户的满意度与忠诚度。学生将学习如何处理客户投诉与反馈，建立良好的客户关系，以增强企业的市场竞争力。该模块还强调客户数据的管理与分析，帮助学生在实践中应用数据驱动的客户关系管理策略。

跨文化交流能力模块旨在培养学生在多元文化背景下的沟通与协作能力。随着全球化进程的加速，旅游市场的国际化程度不断提高，学生需要具备跨文化交流能力，以适应不同文化背景的客户需求。通过该模块的学习，学生将提高其跨文化沟通技巧，增强文化敏感性与适应性。模块设计中融入了丰富的国际案例分析，使学生能够在实践中应用所学的跨文化交流理论与方法，提升其在国际旅游市场中的竞争力。

（三）数字化运营与数据分析模块的开发

数字化运营与数据分析模块的开发是现代餐旅行业课程体系创新的重要组成部分。随着数字时代的到来，数字化运营已成为餐旅企业提升竞争力的关键手段。

因此，在课程开发中，需要明确数字化运营的基本概念和应用场景，以帮助学生理解其在餐旅行业中的重要性。通过案例分析，学生可以直观地了解数字化运营如何在实践中应用，从而为将来的职业生涯打下坚实的基础。

数据分析工具与技术的学习是模块开发的另一个重要方面。学生需要掌握常用的数据分析软件和技术，以支持决策制定。通过系统的学习，学生可以熟练使用 Excel、Python 等工具进行数据处理和分析。课程中应注重实践操作，鼓励学生通过项目练习来巩固所学技能。掌握这些工具和技术，不仅能提高学生的就业竞争力，还能为企业提供更科学的决策支持。

顾客行为数据的收集与分析是数字化运营中不可或缺的一环。课程应强调如何通过数据分析了解顾客需求和偏好，从而优化服务和产品。学生需要学习如何设计数据收集方案，使用合适的分析方法来解读数据。通过对实际案例的分析，学生可以掌握如何将数据转化为可操作的商业策略，从而提升企业的市场响应能力和客户满意度。

数字营销策略的制定与实施是数字化运营模块中的一个关键内容。课程中应教授学生如何利用数字化渠道进行市场推广，提高品牌知名度和客户参与度。学生需要学习如何制定有效的数字营销策略，包括社交媒体营销、搜索引擎优化和内容营销等。通过模拟和实践，学生可以在真实的市场环境中测试和调整策略，以达到最佳的营销效果。

基于数据的绩效评估与改进能力是数字化运营模块的最终目标。学生需要学会使用数据分析结果进行餐旅业务绩效监控和持续改进。课程应引导学生建立科学的绩效评估体系，利用数据分析结果识别问题和改进机会。通过不断的评估和优化，学生可以帮助企业实现更高的运营效率和客户满意度，为企业的可持续发展提供有力的支持。

三、模块化课程的实施路径

（一）模块化课程与学分制的融合模式

模块化课程与学分制的融合模式在数字时代的餐旅教育中扮演着关键角色。模块化课程的设计需要根据每个模块的学习目标和难度合理分配学分，以确保学生的实际学习投入和成果能够得到准确地反映。在这一过程中，学分的分配不仅是对学生学习时间的认可，还是对其知识掌握、技能提升和综合素养发展的全面评价。合理的学分分配可以激励学生更积极地投入学习，同时也为教育机构提供了一个客观的评价标准，以衡量学生的学习效果。

模块化课程的学分制设计应与课程的评估标准紧密结合，通过多元化的评价方式，确保学生在每个模块中达到既定的学习成果。传统的考试评估方式在模块化课程中显得不够全面，因此，采用多元化的评价方式，如项目报告、案例分析、课堂参与等，可以更全面地反映学生的学习情况。这样的评估方式不仅能激发学生的学习兴趣，还能培养他们的批判性思维和实践能力，最终实现课程目标与学生个人发展的双赢。

模块化课程还应提供灵活的学分转换机制，允许学生根据个人学习进度和职业发展需求，调整所选模块的组合与学分分配。这种灵活性使得学生可以根据自身的学习情况和职业规划，自主选择适合的学习路径。这不仅提升了学习的个性化和针对性，还为学生在未来的职业发展中提供了更多的可能性和选择空间。灵活的学分转换机制也为教育机构在课程设置和教学安排上提供了更大的空间，以适应快速变化的行业需求。

学分制的实施需要建立有效的课程管理系统，以便实时跟踪学生的学习进展和学分获取情况，确保课程的透明性和可操作性。一个完善的课程管理系统可以提供从课程注册、学分获取到成绩评估的全流程管理，帮助学生和教师更好地掌握学习进度和教学效果。这种系统的建立不仅提高了课程管理的效率，还增强了教育机构的管理能力，为学生提供了一个透明、公正的学习环境。

模块化课程与学分制的融合应注重学生的自主学习能力，鼓励学生主动选择和设计自己的学习路径，以提升其学习的积极性和主动性。在数字化教育环境中，学生的自主学习能力显得尤为重要。通过自主选择课程和设计学习路径，学生可以根据自身兴趣和职业目标进行个性化学习。这种学习方式不仅能提高学生的学习动力，还能培养他们的自我管理能力和创新思维，为未来的职业生涯奠定坚实的基础。

（二）模块化课程的教学组织形式创新

模块化课程的教学组织形式创新在数字时代的教育中尤为重要。传统的教学组织形式往往难以满足现代餐旅行业对人才的多样化需求，因此，创新教学组织形式成为必要之举。通过模块化的课程设计，教育机构能够更灵活地调整教学内容和形式，以适应不断变化的行业需求。模块化课程不仅仅是课程内容的重组，更是教学方法的革新，旨在提高学生的学习效果和实践能力。

项目式学习的引入是模块化课程创新的重要组成部分。通过项目式学习，学生有机会将课堂上学到的知识应用于实际项目中，从而提升解决问题的能力和团队合作精神。这种学习方式强调学生的主动性和创造性，鼓励他们在真实情境中进行探索和实践。在餐旅行业中，项目式学习可以通过模拟真实的工作场景，让学生在实践中理解行业运作的复杂性和多样性，从而为未来的职业发展打下坚实的基础。

翻转课堂的实施也是模块化课程的一项重要创新。翻转课堂颠覆了传统的教学模式，让学生在课外自主学习理论知识，课堂上则专注于讨论和实践。这种教学模式增强了学习的互动性和参与感，使学生能够更深入地理解和掌握课程内容。对于餐旅行业的人才培养，翻转课堂有助于培养学生的批判性思维和实践能力，使他们能够在复杂多变的行业环境中快速适应和发展。

在线学习平台的建设为模块化课程的实施提供了技术支持。这些平台提供灵活的学习资源和实时反馈，支持学生根据个人进度进行自主学习和模块选择。在线学习平台的优势在于其灵活性和个性化，学生可以根据自己的兴趣和职业规划选择不同的学习模块，从而实现个性化的学习路径。这种学习方式不仅提高了学生的学习效率，还为他们提供了更多的学习机会和发展空间。

跨学科团队教学的推广则是模块化课程创新的另一重要方面。通过鼓励不同领域的教师共同设计和实施课程，学生能够从多角度进行思考，提升综合能力和创新思维。在餐旅行业，跨学科团队教学可以帮助学生理解行业的多样性和复杂性，培养他们的综合素质和适应能力。这种教学方式不仅丰富了课程内容，还为学生提供了更广阔的视野和更深刻的理解。

行业专家的定期参与为模块化课程注入了新的活力。通过讲座、研讨会等形式，行业专家将最新的行业动态和实践经验融入课程教学，增强了课程的实际应用性和前瞻性。行业专家的参与不仅为学生提供了最新的行业资讯，还为他们搭建了与行业接轨的平台，帮助他们更好地理解行业需求和发展趋势，为未来的职业发展作好准备。

（三）模块化课程学习成果认证机制

模块化课程学习成果认证机制在数字时代产教融合中扮演着至关重要的角色。通过建立学习成果的标准化评估体系，可以确保每个模块的学习成果能够被客观衡量。这种标准化评估体系不仅提升了课程的透明度和公信力，还为学生提供了清晰的学习目标和方向。标准化评估体系的设计需要考虑课程内容的多样性和学生个体差异，确保评估标准既能够反映课程的核心要求，又能够适应不同学生的学习路径。这种评估体系不仅有助于学生明确自身的学习进度和水平，还能够为教育机构提供重要的数据支持，以便于课程的持续改进和优化。

基于能力的认证体系是模块化课程认证机制中的另一核心要素。该体系强调学生在完成模块后所获得的具体职业能力和技能。这种认证方式不仅关注学生的学术表现，还注重其在实际工作环境中的应用能力。通过能力认证，学生能够清晰地展示其在特定领域内的专业技能和实践经验，这对于用人单位的认可和接受至关重要。能力认证体系的构建需要紧密结合行业需求，确保认证标准能够真实反映行业的最新发展和技能要求。这种基于能力的认证方式，有助于缩短教育与产业之间的距离，提升学生的就业竞争力。

多元化的认证方式是模块化课程认证机制的又一重要组成部分。为了适应不同学习模块的特点和学生的实际情况，认证方式需要灵活多样，包括项目展示、实习报告和在线考试等多种形式的认证方式，可以为学生提供更加全面的展示平台。通过项目展示，学生能够直观地展示其在特定领域的创新能力和实践成果；实习报告则能够体现学生在真实工作环境中的适应能力和解决问题的能力；在线考试则为理论知识的掌握提供了有效的评估手段。这种多元化的认证方式，不仅满足了不同课程模块的需求，也为学生提供了多样化的发展路径。

建立行业认证合作机制是提升模块化课程市场认可度和专业性的重要策略。通过邀请行业专家参与课程成果的评估和认证，可以确保课程内容的实用性和前沿性。行业专家的参与不仅提高了课程的专业性，也为学生提供了与行业直接接触的机会。这种合作机制有助于课程设计更好地对接行业需求，确保学生所学即所用。同时，行业认证的背书也为学生的职业发展提供了有力的支持，增强了课程的市场竞争力和吸引力。

持续的学习成果跟踪与反馈机制是模块化课程认证体系中不可或缺的一部分。通过定期对学生的学习成果进行回顾和分析，教育机构能够及时发现课程实施中的问题，并进行相应的调整和改进。这种持续的反馈机制不仅有助于课程的优化和改进，也为学生提供了持续的学习支持。通过反馈，学生能够及时了解自身的学习进展和不足，从而进行有针对性的调整和提升。这种动态的跟踪与反馈机制，为模块化课程的成功实施提供了重要的保障。

第二节　跨学科课程开发与整合

一、跨学科课程开发的理论基础

（一）跨学科课程设计的认知科学依据

跨学科课程设计的认知科学依据是课程开发的核心指导原则。跨学科课程设计应充分考虑学生的认知发展阶段，关注学生的思维能力和学习方式。这种设计理念强调知识的有效整合和应用，旨在促进学生在不同学科领域间的知识迁移能力。通过考虑学生的认知特点，课程设计能够更好地适应学生的学习需求，使他们在学习过程中更加主动和高效。认知科学的研究表明，学生在不同的发展阶段拥有不同的思维能力，因此，课程设计需要针对这些特点进行调整，以确保学生能够有效地理解和应用所学知识。

跨学科课程能够显著增强学生的批判性思维能力，这在教育研究中得到了广泛的支持。通过引入不同学科的视角，学生能够更加全面地分析问题，从而制定出多元化的解决方案。批判性思维是现代教育中备受重视的一项能力，它不仅有助于学生在学术领域的成功，同时也为其未来的职业生涯奠定了坚实的基础。跨学科课程通过多角度、多层次的学习，使学生能够更好地理解复杂问题，并在此基础上提出创新的解决方案。

在跨学科课程设计中，强调真实世界的问题情境是至关重要的。通过将理论知识应用于实际问题，学生的学习体验将更加丰富和有意义。这种教学方法不仅提升了学生解决实际问题的能力，同时也增加了课程的实用性和吸引力。在课程中引入真实情境，使学生能够在模拟或真实的环境中进行学习，从而提高他们的动手能力和创新意识。这种方法鼓励学生将理论与实践相结合，培养其在复杂情境下的应变能力。

跨学科课程还应注重团队合作与沟通能力的培养。在现代职场中，团队合作是必不可少的技能，通过团队项目，学生能够在协作中学习和理解不同学科的知识。这种合作学习的模式，不仅促进了学生之间的知识共享和交流，同时也提高了他们的沟通技巧和团队协作能力。在团队项目中，学生需要分工合作，共同解决问题，这种实践经验对他们未来的职业发展具有重要意义。

跨学科课程设计应融入多样化的评估方式，以确保学生在不同领域的学习成果能够得到全面的评价和反馈。传统的评估方法往往无法全面反映学生的综合能力，因此，多样化的评估方式显得尤为重要。通过采用多种评估手段，如项目展示、论文写作、口头报告等，教师可以更全面地了解学生的学习成效。这种评估方式不仅能够激发学生的学习积极性，同时也为他们提供了更多的反馈机会，帮助他们不断改进和提升自己的能力。

（二）跨学科课程与复合型人才培养的关联

跨学科课程与复合型人才培养的关联体现在其对学生综合思维能力的培养上。通过跨学科课程的学习，学生能够在面对复杂问题时，从多个学科的角度进行分析与解决。这种能力的培养不仅仅是知识的积累，更是思维方式的拓展。在数字时代，问题的复杂性和多样性要求学生具备从不同视角进行思考的能力，而跨学科课程恰好为此提供了有力的支持。通过不同学科的交叉融合，学生能够更全面地理解问题的本质，进而提出更有效的解决方案。

跨学科课程的学习还使学生能够掌握多种方法论，增强其在不同领域之间的灵活应用能力。这种能力在快速变化的职业环境中尤为重要。随着技术的进步和产业的变革，传统的单一学科知识已不足以应对新兴挑战。通过跨学科课程，学生不仅能获得多学科的知识，还能在不同情境中灵活应用这些知识，适应不同的职业要求。这种灵活性和适应性是现代职场对人才的基本要求，也是跨学科课程所要培养的核心能力。

跨学科课程的设计强调创新能力的发展。学生在学习过程中被鼓励将不同学科的知识结合，产生新的见解和解决方案。这种创新能力的培养不仅体现在理论知识的掌握上，更在于实践中的应用。通过跨学科的学习，学生能够在知识的碰撞中激发创造力，形成独特的视角和解决问题的方法。这种能力在餐旅行业尤为重要，因为该行业需要不断创新以满足多变的市场需求和客户期望。

跨学科课程设计还强调实践导向，通过真实项目的参与，提升学生的实际操作能力和团队协作精神。在课程中，学生不仅学习理论知识，还通过参与项目实践，锻炼自己的动手能力和团队合作能力。这种实践导向的教学方法使学生能更好地理解所学知识的实际应用，增强其在职场中的竞争力。此外，通过团队合作，学生学会如何与不同背景的人沟通和协作，这对于培养能够适应多元文化和国际化背景的复合型人才至关重要。

跨学科课程的整合有助于培养适应未来职场需求的复合型人才，提升其在多元文化和国际化背景下的沟通与协作能力。在全球化的背景下，餐旅行业的人才需要具备跨文化沟通的能力，能够在国际化团队中有效协作。跨学科课程通过多样化的学习内容和实践机会，培养学生的跨文化理解力和沟通能力，使其能够在国际化的职场环境中游刃有余。这种能力的培养不仅满足了行业对复合型人才的需求，也为学生的职业发展提供了更广阔的空间。

（三）跨学科课程开发中的知识融合路径

在数字化时代，产教融合驱动餐旅人才培养的过程中，跨学科课程开发中的知识融合路径成为课程体系创新的重要一环。知识融合路径的设计需要根据不同学科的特点，创建综合性项目，促使学生在多个领域内实现知识的交叉与应用。这种方法不仅能丰富学生的知识结构，还能激发他们的创新思维能力。在跨学科课程中，学生需要在解决复杂问题时，运用多种学科的方法论。这种实践导向的学习方式，能够有效地提升学生的实际操作能力和团队协作精神。

跨学科课程开发强调实践导向，通过真实项目的参与，学生可以在实践中巩固理论知识，提升解决实际问题的能力。真实项目的参与不仅仅是对学生个人能力的考验，更是对其团队协作精神的培养。在这种课程设置中，学生在不同学科的交叉点上探索，能够更好地理解和应用所学知识。通过这种方式，学生的创新思维能力得以提升，他们能够从多角度分析和解决问题，这对其未来的职业生涯发展大有裨益。

在课程设计中，融入多样化的评估方式是跨学科课程开发中的关键环节。传统的评估方式往往局限于单一学科的知识考核，而跨学科课程需要全面评价学生在不同学科领域的学习成果和实际应用能力。多样化的评估方式不仅包括书面考试，还应涵盖项目展示、团队合作评估等多种形式。这种评估方式的多样化，不仅能更准确地反映学生的综合能力，也能激励学生更加全面地投入学习，提升其在各领域的实际应用能力。

跨学科课程开发还需注重与行业需求的对接，确保学生所学知识能够满足未来职业市场的多元化要求。随着社会的发展，各行业对复合型人才的需求日益增加。跨学科课程的设置，应紧密结合行业的发展趋势和需求，确保学生在学习过程中掌握最新的行业动态和技能。这种与行业需求的对接，不仅提升了学生的就业竞争力，也为行业输送了更多符合实际需求的人才，推动了教育与产业的深度融合。

二、餐旅领域跨学科课程框架

（一）餐饮管理与市场营销跨学科课程

餐饮管理与市场营销跨学科课程在数字时代的背景下，逐渐成为餐旅人才培养的重要组成部分。这一课程旨在通过整合餐饮管理与市场营销的知识体系，为学生提供全面的视角，帮助他们理解现代餐饮行业的运作机制。通过跨学科的学习，学生能够掌握餐饮管理的基本原则，同时了解市场营销策略的应用，从而在未来职业生涯中更好地适应行业的变化与挑战。

餐饮管理与市场营销的基本概念与理论框架构成了跨学科课程的核心内容。餐饮管理涉及餐厅运营、服务质量、成本控制等方面，而市场营销则关注消费者需求、市场分析、品牌推广等领域。通过跨学科的教学，学生可以系统地学习这些基本概念，并理解其在实际操作中的应用。理论与实践的结合，使学生能够更好地应对餐饮行业中的复杂问题，并在职业发展中具备更强的竞争力。

消费者行为分析在餐饮市场营销中的重要性不容忽视。在跨学科课程中，学生将学习如何通过消费者行为分析、识别和预测市场趋势。这种分析不仅有助于制定有效的营销策略，还能帮助企业优化产品和服务，以满足消费者的需求。通过对消费者行为的深入理解，学生能够在未来的职业中，帮助企业在激烈的市场竞争中占据有利位置。

数字化工具在餐饮管理与营销中的应用与实践，是跨学科课程的另一重要组成部分。在数字时代，餐饮企业必须善于利用数字化工具进行管理和营销。学生将学习如何使用大数据分析、社交媒体平台、在线营销工具等，提升企业的运营效率和市场影响力。通过这些工具的应用，企业可以更精准地进行市场定位和品牌推广，从而获得更高的市场份额。

品牌建设与市场定位在餐饮行业中的策略，需要在跨学科课程中得到充分的探讨。品牌是企业的无形资产，而市场定位则决定了品牌在消费者心中的形象。学生将在课程中学习如何通过品牌建设和市场定位，提升企业的市场竞争力。通过案例分析，学生能够理解不同品牌策略的优劣，并在实际工作中灵活应用这些策略，为企业创造更大的价值。

餐饮业绩效评估与市场反馈机制的构建，是确保企业可持续发展的关键。在跨学科课程中，学生将学习如何建立有效的绩效评估体系，并通过市场反馈不断优化企业的运营策略。绩效评估不仅可以帮助企业了解自身的运营状况，还能为未来的发展提供指导。市场反馈则是企业了解消费者需求的重要途径，通过两者的结合，企业可以在市场中保持竞争优势。

（二）旅游文化与信息技术融合课程

旅游文化与信息技术融合课程在现代旅游教育中占据重要地位。旅游文化的基本概念与重要性，尤其体现在其作为旅游体验核心要素的角色。旅游文化不仅包括地方传统、历史遗迹和风俗习惯，还涵盖了游客在旅游过程中所感受到的独特氛围和情感连接。这种文化体验是吸引游客的重要因素，直接影响他们的满意度和忠诚度。因此，在课程设计中，必须强调旅游文化的多维度理解，帮助学生掌握如何在旅游产品开发中融入文化元素，从而提升旅游吸引力。

信息技术在旅游文化传播中的应用日益广泛，特别是在社交媒体和虚拟现实技术的推动下。社交媒体平台为旅游文化的即时传播提供了便利，使得文化信息能够快速覆盖全球受众。与此同时，虚拟现实技术为游客提供了身临其境的文化体验机会，使他们在实际到访之前就能感受到目的地的独特魅力。这些技术的应用不仅改变了旅游文化的传播方式，也为旅游教育提供了新的教学工具，使学生能够通过模拟和互动的方式更深入地理解旅游文化的内涵。

旅游文化与信息技术的融合对游客行为产生了深远影响。技术的进步使得游客能够在旅行前、中、后各个阶段获得丰富的信息和个性化的体验。通过技术手段提升游客的参与感和体验质量，已成为旅游行业的重要发展方向。旅游教育课程需要引导学生探讨如何利用信息技术增强游客的文化体验，进而提升目的地的竞争力和吸引力。通过案例分析，学生可以了解技术应用的实际效果，从而为未来的职业生涯积累宝贵的经验。

大数据分析在理解和预测游客对旅游文化产品的偏好方面发挥着重要作用。通过分析游客的行为数据，旅游企业可以优化市场营销策略，精准定位目标客户群体。这种数据驱动的决策方式已成为旅游行业的标准实践。在课程中，学生应学习如何运用大数据分析工具，掌握数据收集、处理和分析的方法，以便在实际工作中能够作出明智的市场决策，提升旅游产品的市场竞争力。

信息技术在旅游文化教育中的应用同样不容忽视。在线学习平台为学生提供了灵活的学习方式，使他们能够随时随地获取最新的旅游文化知识。这些平台不仅支持多媒体教学，还允许学生进行自主学习和在线讨论，提升了学习的互动性和参与度。通过这些技术手段，学生能够更好地理解旅游文化的复杂性，并在实践中应用所学知识，增强其在旅游行业中的竞争力。

（三）餐饮服务与心理学交叉课程设计

在餐饮服务与心理学交叉课程设计中，通过整合心理学的基本原理，学生能够更深入地理解顾客在用餐过程中的心理需求和期望。这一课程的核心在于帮助学生掌握如何通过心理分析提升服务质量。通过学习顾客心理分析，学生可以洞察顾客在用餐时的情感和行为动机，从而在实际服务中更好地满足顾客需求。课程内容强调顾客心理的动态变化，使学生能够预判和识别顾客的潜在需求，以便提供个性化的服务体验。

情绪管理与客户关系是餐饮服务与心理学交叉课程的重要组成部分。在餐饮行业中，学生需要学习如何在面对顾客投诉或不满时有效地调节自己的情绪。这不仅有助于维护良好的客户关系，还能提升餐厅的整体服务水平。课程通过案例分析和角色扮演等方式，培养学生在压力情境下的情绪调节能力，使其能够在复杂的服务环境中保持专业和冷静，从而赢得顾客的信任和满意。

心理学在菜单设计中的应用是该课程的另一重要内容。通过教授学生如何运用心理学原理优化菜单布局和描述，旨在帮助学生设计出更具吸引力和诱惑力的菜单。学生将学习如何通过色彩、文字和图像的搭配来影响顾客的选择和购买决策。通过对菜单设计的深入研究，学生能够掌握如何利用心理学技术来提高餐厅的销售额和顾客的满意度。

跨文化心理学在餐饮服务中的重要性不可忽视。随着全球化的加速，餐饮从业者面临着服务来自不同文化背景的顾客的挑战。课程帮助学生理解不同文化背景顾客的心理特点，以提供更有针对性的服务。通过对跨文化心理学的学习，学生能够识别和适应文化差异，避免文化误解，从而为顾客提供更优质的服务体验。

服务场景中的非语言沟通技巧是餐饮服务与心理学交叉课程的最后一环。课程强调肢体语言和面部表情在餐饮服务中的作用，帮助学生提升顾客的整体用餐体验。通过对非语言沟通技巧的学习，学生能够在服务过程中更好地传达友好和专业的信息，增强顾客的信任感和满意度。这些技巧不仅提高了服务质量，还促进了顾客与服务人员之间的有效互动。

三、跨学科课程教学方法创新

(一)跨学科项目式学习模式应用

跨学科项目式学习模式是现代教育改革中的一项核心策略，旨在通过解决真实问题来提升学生的学习效果。这种模式强调学生在团队合作中应用多学科知识，以应对复杂的现实挑战。在这种学习环境中，学生不仅要掌握单一学科的知识，还需要整合来自不同学科的信息，以形成全面的解决方案。这种方法不仅提升了学生的知识水平，还培养了他们的协作能力和沟通技巧，以适应未来多变的职业环境。

该学习模式鼓励学生主动探索，培养他们的自主学习能力和创新思维。在项目过程中，学生需要识别问题、提出假设、设计实验、分析数据并得出结论。这种探索性学习方式使学生能够在实践中发现并解决问题，从而提高其批判性思维和创造力。此外，通过自主学习，学生能够根据自己的兴趣和需求选择学习内容和方法，增强学习的个性化和灵活性。

跨学科项目式学习采用多样化的评估方式，对学生在不同学科领域的表现与能力进行综合评价。这种评估不仅关注学生的学术成绩，还包括对其项目管理能力、团队合作能力和创新能力的评价。通过多维度的评估，教师能够更全面地了解学生的学习情况，为其提供更有针对性的指导和支持。这种评估方式也激励学生在各个方面不断提高、全面发展。

在跨学科项目中，教师的角色转变为指导者，帮助学生整合知识并提供反馈，以促进学习效果。教师不仅要具备深厚的学科知识，还需要掌握项目管理和团队协作的技能，以有效引导学生的学习过程。通过及时的反馈和指导，教师能够帮助学生克服学习中的困难，提升其解决问题的能力和自信心。这种师生互动的模式提高了学生的学习动机和参与度。

项目式学习的设计应与行业需求紧密结合，以确保学生所学知识与实际职业技能相符。在课程设计中，教师需要与行业专家合作，明确当前行业的发展趋势和技能需求，将其融入项目学习中。通过这种方式，学生不仅能够获得理论知识，还能掌握实际操作技能，为未来的职业生涯作好充分的准备。这种教育与行业的紧密结合，有助于培养出适应市场需求的高素质餐旅人才。

（二）跨学科课程中的团队协作能力培养

在数字时代，产教融合驱动的餐旅人才培养课程体系创新中，跨学科课程的开发与整合扮演着至关重要的角色。特别是在跨学科课程教学方法的创新中，团队协作能力的培养成为关键。跨学科课程中的团队协作能力培养不仅是为了适应复杂多变的行业需求，还是为了促进学生在多元背景下的综合素质提升。在这种课程中，学生通过参与跨学科项目，能够更好地理解不同学科的知识体系，并在实际应用中将其整合，形成解决问题的综合能力。

在跨学科课程中，团队协作能力的培养应注重建立明确的角色分工。每位学生在项目中承担特定的职责，不仅能够提升其责任感和参与感，还能帮助其在团队中找到自己的位置，发挥个人特长。明确的角色分工使得团队运作更加高效，同时也为学生提供了一个锻炼领导力和组织能力的平台。这种模式下，学生能够更好地理解团队合作的重要性，并在实践中不断地提升自己的协作能力。

模拟真实工作环境的项目是跨学科课程中培养团队协作能力的重要手段。通过这些项目，学生可以在团队中共同解决复杂问题，从而培养协作与沟通能力。真实的工作环境模拟不仅使学生能够体验到实际工作的挑战，还能够帮助他们更好地理解团队合作在问题解决中的重要性。学生在项目中需要不断地进行沟通与协调，这个过程不仅提升了他们的沟通技巧，也增强了他们的团队意识和责任感。

定期的团队反馈机制是促进团队协作能力提升的有效方式。通过这种机制，学生可以在项目进展中互相评价，促进自我反思与团队改进。反馈机制不仅有助于发现团队运作中的问题，还能为学生提供宝贵的学习机会，使他们能够在实践中不断地改进和提升。通过反馈，学生能够更好地理解自身在团队中的角色和贡献，并在此基础上进行自我提升。

跨学科的知识共享环节是团队协作能力培养中的另一个重要方面。通过鼓励学生在团队内分享各自学科的见解，能够增强团队的综合思维能力。这种知识共享不仅丰富了团队的知识储备，还促进了学生之间的相互学习和交流。通过这种方式，学生可以更好地理解不同学科之间的联系，并在团队中形成更加全面的视角和思维方式。

通过跨学科项目的阶段性展示，学生不仅能够培养表达与汇报能力，还能提升在团队协作中的影响力和自信心。展示环节为学生提供了一个展示自我和团队成果的平台，使他们能够在公开场合表达自己的观点和见解。通过这种方式，学生能够更好地锻炼自己的表达能力，并在团队中树立自信和影响力。这种能力的提升对于学生未来的职业发展具有重要意义。

（三）跨学科课程混合式教学模式

跨学科课程混合式教学模式在数字时代的教育中扮演着重要角色。此模式结合在线学习与面对面教学，提供了一种灵活的学习环境，使学生能够在不同的学习场景中获取知识。在线学习平台为学生提供了丰富的资源和多样化的学习材料，使他们可以根据自己的节奏进行学习。同时，面对面教学则提供了一个互动的空间，学生可以在课堂上直接与教师和同学交流，解决学习中的疑难问题。通过这种模式，学生在自主学习的同时，也能享受到传统课堂教学的优势，全面提升学习效果。

混合式教学模式通过多样化的教学资源，满足了不同学生的学习需求。每个学生的学习风格和节奏各不相同，混合式教学提供了灵活的学习路径，使学生能够根据自己的需求选择合适的学习方式。这种个性化的学习体验不仅提高了学生的自主学习能力，也增强了他们的学习参与感。丰富的数字化资源，如视频讲解、在线测验和互动案例分析等，能够帮助学生在实践中理解和应用所学知识，从而增强了学习的深度和广度。

实时反馈与互动是混合式教学的重要特点。通过在线平台和课堂互动，教师能够及时了解学生的学习进度和困难，提供个性化的指导和支持。这种即时反馈机制不仅有助于学生在学习过程中及时调整学习策略，也增强了师生之间的沟通，提升了课程的满意度。互动式教学方法，如小组讨论和课堂演示，激发了学生的学习兴趣，促进了知识的内化和应用。

课程设计中融入项目式学习是混合式教学的另一个关键要素。项目式学习鼓励学生在真实情境中应用跨学科知识，提升解决实际问题的能力。在项目的实施过程中，学生需要综合运用所学的各学科知识，进行问题分析、方案设计和结果评估。这种实践导向的学习方式不仅提高了学生的综合素质，也增强了他们的团队合作和创新能力，为未来的职业发展打下了坚实的基础。

混合式教学利用数字化工具，支持学生在不同平台上进行学习，增强了课程的可及性和灵活性。通过使用各种在线工具和资源，学生可以在任何时间、任何地点进行学习，打破了传统课堂的时间和空间限制。这种灵活的学习模式为学生提供了更大的自主权，使他们能够更好地平衡学习与其他生活和工作的需求。同时，教师也可以通过数字化平台进行课程管理和学生评估，提高教学效率和效果。

四、跨学科课程资源整合策略

（一）跨学科课程教材与教学资源库建设

跨学科课程教材与教学资源库建设是实现产教融合的重要基础。教材需要涵盖多学科知识的综合性内容，确保学生能够在不同领域中建立联系。通过整合不同学科的知识，教材不仅提供理论基础，还应注重实践应用，帮助学生在复杂多变的现实情境中灵活运用所学知识。此外，教材的编写需要考虑学生的多样化需求，提供多层次、多维度的学习材料，以支持个性化学习和发展。这样的教材设计不仅提高了学生的学习兴趣，还能增强他们的跨学科思维能力和创新意识。

资源库的建设则应着眼于反映最新的行业动态和技术进展，确保教学内容的时效性和相关性。定期更新资源库可以帮助教师和学生及时获取最新的行业信息和技术发展，从而在教学和学习中保持前沿性。这种动态更新的资源库不仅能够支持课程内容的及时调整，还能为学生提供与实际行业需求相符的学习材料，增强他们的就业竞争力。此外，资源库的多样化和灵活性也为教师的教学设计提供了丰富的素材，支持他们开展更具创新性和互动性的教学活动。

教材与教学资源库的建设还应鼓励师生之间的互动与反馈，促进知识的共享与协作学习。通过建立开放的交流平台，师生可以就教学内容、学习方法和资源使用等方面进行讨论和反馈，形成良性的互动机制。这种互动不仅有助于教师及时了解学生的学习需求和困难，进行有针对性的教学调整，还能激发学生的学习积极性和主动性。通过协作学习，学生可以在团队合作中互相启发，培养沟通能力和团队精神，为将来的职业发展奠定良好的基础。

（二）跨学科课程与企业实践资源的对接

在数字时代，产教融合已成为推动餐旅人才培养的重要驱动力。跨学科课程与企业实践资源的对接，正是这一趋势中的关键环节。跨学科课程不仅需要涵盖多领域的知识，还必须紧密结合企业的实际需求，确保课程内容能够反映行业最新的技能和技术要求。这种结合不仅提升了课程的实用性，还使学生能够在学习过程中，及时掌握行业动态，提升自身的职业竞争力。

通过与企业的深入合作，跨学科课程可以为学生提供丰富的实习和项目实践机会。这些实践活动不仅让学生置身于真实的工作场景中，增强其实际操作能力，还为他们提供了一个将理论知识转化为实践技能的平台。这样的实践经历，不仅提高了学生的就业竞争力，也为企业输送了更具实战经验的人才，形成了产教融合的良性循环。

企业的参与是跨学科课程成功的关键因素。在课程的设计与评估过程中，企业可以提供专业意见和指导，确保课程的实用性和前瞻性。企业的参与不仅能保证课程内容的前沿性，还能为学生提供更符合行业需求的学习内容。这种合作模式，能够有效地缩短教育与产业之间的距离，使学生在毕业后能够更快速地适应职场环境。

定期组织企业讲座和研讨会，是跨学科课程与企业实践资源对接的另一重要策略。通过邀请行业专家分享经验，学生能够更深入地了解行业动态和职业发展路径。这些活动不仅拓宽了学生的视野，也为他们提供了与行业领袖直接交流的机会，帮助学生更好地规划自己的职业生涯。通过这些互动，学生能够更清晰地了解自身的优势与不足，从而更有针对性地进行自我提升。

（三）跨学科课程数字化学习平台的开发

跨学科课程数字化学习平台的开发是数字时代教育创新的关键环节。该平台的设计应涵盖课程管理、学习进度跟踪和评估反馈等功能，以支持学生构建个性化的学习路径。这不仅有助于提升学生的自主学习能力，还能通过个性化的反馈机制及时调整学习策略，确保学习目标的有效达成。通过整合多样化的数字工具，平台能够为学生提供一个灵活的学习环境，使其在自主学习中获得更大的自由度和创造性。

为了提升学习体验，数字化学习平台应集成多种学习资源，如视频资源、互动模拟和在线测验。这些资源的多样性旨在满足不同学生的学习风格和需求，促进学习的个性化和多样性。视频资源可以提供直观的知识传递，互动模拟则有助于学生在实践中应用所学知识，而在线测验则为学生提供了自我评估的工具。这种多元化的资源整合策略，不仅丰富了学习内容，也提高了学生的学习兴趣和参与度。

数字化学习平台的另一个重要特性是其跨学科课程的整合能力。平台应允许学生在不同学科模块之间自由切换，促进知识的交叉应用。这种设计思路不仅能帮助学生打破学科间的壁垒，还能培养其综合应用知识的能力。通过在不同学科之间的无缝衔接，学生能够更好地理解知识的整体性和关联性，从而在实际问题中灵活应用所学知识。

为了增强学习的参与感和互动性，平台应支持实时互动功能，鼓励学生与教师及同学进行讨论和协作。这种互动不仅能提高学生的学习积极性，还能通过群体协作的方式促进对知识的深度理解。实时互动功能使得学习不再是单向的知识传递，而是一个动态的、双向的交流过程。在这种学习环境中，学生能够积极参与到知识的建构中，同时也能从他人的观点中获得启发。

数字化学习平台应建立数据分析机制，定期评估学生的学习表现和进展。这种数据驱动的评估方法有助于教师及时调整教学策略和资源配置，更好地支持学生的学习。通过对学习数据的分析，教师可以发现学生在学习过程中的困难和瓶颈，从而提供更有针对性的指导和支持。这种基于数据的教学改进策略，不仅能提高教学效率，还能为学生提供更个性化的学习支持。

第三节　动态化课程更新机制

一、动态化课程更新理念

（一）课程更新与行业发展的同步性原则

课程更新与行业发展的同步性原则在数字时代显得尤为重要。面对不断变化的餐旅行业，课程内容必须定期评估，以确保其与行业最新发展和技术进步保持一致。这不仅有助于培养出符合市场需求的人才，还能提高教育机构在行业中的竞争力。课程评估应包括对教学内容的广泛审查，确保其涵盖最新的技术、工具和行业趋势，从而为学生提供最前沿的知识和技能。

建立行业专家顾问委员会是确保课程更新与行业发展同步的重要措施。行业专家能提供宝贵的见解和建议，帮助教育机构识别行业需求和课程内容之间的差距。通过定期的沟通和协作，顾问委员会可以为课程更新提供战略性指导，确保课程内容与实际岗位需求相匹配。这种合作机制不仅提升了课程的实用性，还增强了学生在就业市场中的竞争力。

利用市场调研数据分析是识别行业技能缺口的有效方法。通过对行业趋势、用人单位需求和市场变化的深入分析，教育机构可以动态调整课程内容，以满足市场需求。这种数据驱动的课程更新方法能够确保教育内容的前瞻性和相关性，使学生能够在毕业后迅速适应工作环境，满足用人单位的期待。

引入灵活的课程设计机制是适应快速变化的行业环境的关键。灵活的课程设计允许教育机构在短时间内进行课程内容的调整，以应对新兴技术和行业趋势的变化。这种机制不仅提高了课程的响应速度，还增强了课程的适应性，使得教育体系能够快速响应市场变化，从而保持其在教育领域的领先地位。

建立持续反馈机制是提升课程质量和实用性的必要条件。通过收集学生和用人单位的意见，教育机构可以及时更新课程内容，以确保教学质量的不断提升。这种反馈机制不仅能帮助识别教学中的不足之处，还促进了课程与行业需求的紧密结合，从而为学生提供更具实用价值的教育体验。通过持续的反馈和改进，课程体系能够保持其在行业中的相关性和前瞻性。

（二）课程更新中的学生需求导向

在数字时代，餐旅人才培养课程体系的创新已成为教育领域的重要课题。课程更新中的学生需求导向是动态化课程更新机制的核心理念。通过以学生需求为导向，课程体系能够更好地适应快速变化的行业环境和学生的个性化需求。建立学生需求调研机制是确保课程内容能够及时反映学生学习兴趣和职业目标的关键。通过系统化的调研机制，教育机构能够捕捉到学生在学习过程中的真实需求和期望，从而为课程更新提供科学依据。

课程更新过程中的学生反馈是课程动态调整的重要参考。通过问卷、访谈等方式收集学生的意见和建议，能够有效识别课程中的不足之处和改进空间。这种反馈机制不仅有助于提升课程的质量和实用性，还能提高学生的学习体验和满意度。定期更新课程模块以适应学生的职业规划和就业市场需求，是提升课程针对性和实用性的有效策略。通过分析就业市场的变化趋势，教育机构可以调整课程内容，以确保学生在毕业时具备行业所需的最新技能和知识。

提供个性化学习选项是满足学生多样化需求的重要手段。允许学生根据自身需求选择课程内容，不仅提升了学习的主动性和参与感，也促进了学生的自主学习能力。这种灵活的课程设置能够激发学生的学习兴趣，鼓励他们探索更广泛的知识领域，进而培养出适应性强、创新能力突出的餐旅人才。此外，在促进课程更新过程中引入学生代表参与课程设计与评估，可以有效地体现学生的声音。学生代表的参与为课程设计提供了第一手的学生视角，确保课程更贴近学生的实际需求。

学生代表的参与不仅有助于增强课程的适应性和吸引力，还能促进教育机构与学生之间的良性互动。这种互动关系有助于构建一个以学生为中心的学习环境，使课程更新过程更加透明和民主化。总之，课程更新中的学生需求导向是实现课程体系创新的关键，通过多层次的调研和反馈机制，教育机构能够更好地满足学生的学习需求和职业发展目标，推动餐旅人才培养的质量提升。

（三）动态化课程更新的持续改进机制

动态化课程更新的持续改进机制是现代教育体系中至关重要的一环。它不仅能确保课程内容的前瞻性和实用性，还能有效地应对快速变化的行业需求。在数字时代，课程更新需要更加灵活和响应迅速，以适应餐旅行业的飞速发展。通过建立定期课程评估机制，教育机构可以有效地收集学生反馈和行业需求调查的数据，确保课程内容可以及时更新和调整。这种机制不仅提升了课程的相关性，还能为学生提供更具实用价值的学习体验。

建立一个跨学科的专家团队是动态化课程更新的核心。这个团队需要定期审查课程内容，以确保其符合最新的行业标准和技术发展。这种跨学科的合作可以带来多元化的视角，以促进课程内容的全面性和创新性。专家团队的审查不仅限于理论知识，还涉及实际操作技能的更新，对于餐旅行业尤为重要。通过这种方式，课程内容可以保持与时俱进，确保学生在毕业时具备最新的行业技能和知识。

引入动态课程管理系统是实现课程更新的技术手段。该系统能够实时跟踪课程实施效果，便于教育机构快速响应市场变化和学生需求。通过动态管理系统，课程设计者可以及时获取课程的实施反馈，并根据这些反馈进行调整。这种实时性不仅提高了课程的灵活性，还能显著地提升学生的学习效果。系统的引入使课程更新不再是一个静态的过程，而是一个不断演进和优化的动态过程。

为了确保课程的实际应用性和前瞻性，教师的持续职业发展培训是不可或缺的。通过这些培训，教师可以了解最新的行业动态和技术趋势，从而在教学中融入最前沿的知识和技能。这不仅提升了课程的质量，也增强了教师的教学能力和职业素养。在餐旅行业，技术和服务标准的变化尤为频繁，因此，教师的持续培训是确保课程内容与行业需求同步的关键。

实施基于数据分析的课程优化策略是动态化课程更新的科学方法。通过对学习成果数据的分析，教育机构可以识别课程中的不足之处并进行针对性地改进。这种数据驱动的策略能够提高课程的针对性和有效性，确保学生在学习过程中获得最佳的教育体验。数据分析不仅可以揭示课程的弱点，还能为课程的进一步发展提供科学依据，使课程更新更具有方向性和实效性。

二、动态化课程更新实施路径

（一）课程更新的周期性审查制度

课程更新的周期性审查制度在数字时代的餐旅人才培养中扮演着关键角色。为了确保课程内容能够与不断变化的行业动态和技术进步保持一致，建立定期审查机制成为必然。通过这种机制，教学大纲和课程模块能够及时更新，以反映当前的行业趋势和技术需求。这种周期性审查不仅是对课程内容的更新，还是对教育质量和学生就业竞争力的保障。

设立跨学科专家委员会是实施周期性审查制度的另一重要步骤。该委员会由行业专家、学术研究者以及教育工作者组成，负责定期评估课程的适应性和相关性。通过这种跨学科的合作，课程设计能够更好地符合最新的行业标准和需求，确保学生在学习过程中能够获取最具前沿性的知识和技能。这种评估机制不仅提升了课程的质量，也促进了产学研的深度融合。

学生反馈收集系统是动态化课程更新的重要组成部分。通过问卷调查和访谈等形式，学校能够定期获取学生对课程的意见和建议。这些反馈信息为课程内容的动态调整提供了重要参考，确保课程能够真正满足学生的学习需求。通过学生的直接参与，课程设计变得更加灵活和具有针对性，进一步提升了教学效果和学生满意度。

利用市场调研数据进行行业技能需求变化的分析，是课程更新过程中不可或缺的一环。定期的市场调研能够帮助教育机构及时掌握行业对新技能的需求变化，从而在课程设置上进行相应的调整。这种基于数据分析的课程更新策略，不仅提高了课程的实用性，也增强了学生在就业市场上的竞争力。

建立课程更新的责任机制，明确各部门在课程审查与更新中的角色和职责，是确保更新过程高效性和透明度的关键。通过明确的责任分工，课程更新过程中的各个环节都能够顺利进行，避免了因职责不清导致的效率低下和信息不对称。这种机制的建立，不仅提高了课程更新的效率，也为课程体系的持续创新提供了有力的保障。

（二）课程内容的模块化调整策略

在数字时代，餐旅行业的快速变化对人才培养提出了新的要求，课程内容的模块化调整策略成为应对这一挑战的重要手段。课程内容应根据行业需求和技术发展动态进行调整，确保各模块与最新市场趋势相匹配。这不仅有助于学生掌握当前最前沿的知识和技能，还能使他们在未来的职业生涯中更具有竞争力。通过关注行业的最新动态，课程设计者可以及时更新教学内容，使学生在学习过程中始终保持与市场的高度契合。

定期评估各模块的学习成果和学生反馈是优化课程内容的关键步骤。通过这种方式，教育机构可以不断地提升教学的针对性和有效性。学生的反馈不仅反映了课程的优缺点，还为课程的改进提供了宝贵的意见。通过对学习成果的分析，教师能够识别出哪些模块需要调整或改进，以更好地满足学生的学习需求。这种动态的反馈机制确保课程内容始终处于最佳状态。

模块间的灵活衔接机制为学生提供了根据个人兴趣和职业规划自由组合不同模块的机会。这种灵活性不仅增强了学习的个性化，也使学生能够在学习过程中探索不同的领域，找到最适合自己的发展方向。通过允许学生自主选择模块组合，教育机构可以更好地激发学生的学习动力和创造力，培养出适应性强、具有创新思维的人才。

引入跨学科知识融合是模块化课程设计中的另一重要策略。在设计课程模块时，考虑不同学科的交叉应用，可以显著地提升学生的综合素质和创新能力。这种跨学科的学习方式鼓励学生从多角度思考问题，培养他们的批判性思维和解决复杂问题的能力。通过将不同学科的知识融会贯通，学生能够更好地应对现实世界中的多样化挑战。

实施模块化课程的实时更新机制是确保教学内容迅速响应行业变化的有效方法。通过这种机制，课程能够保持前瞻性和实用性，帮助学生在快速变化的行业环境中保持竞争力。实时更新不仅要求教师密切关注行业趋势，还需要他们具备快速调整课程内容的能力。这样学生在学习过程中始终能够接触到最新的知识和技能，为他们未来的职业发展打下坚实的基础。

（三）课程更新的快速响应机制

课程更新的快速响应机制在数字时代的餐旅人才培养中扮演着至关重要的

角色。建立实时数据反馈机制是实现快速响应的基础，通过该机制，教育机构可以及时收集学生和行业对课程内容的评价。这种实时反馈不仅有助于迅速调整教学策略和模块设置，还能确保课程内容的相关性和实用性。通过对反馈数据的深入分析，教师可以识别出课程中存在的不足之处，进而进行有针对性的改进，以更好地满足学生的学习需求和行业的标准要求。

实施灵活的课程设计是快速响应机制的核心组成部分。在课程进行过程中，根据行业动态和学生需求快速更新相关模块内容，可以使课程保持与时俱进。灵活的课程设计不仅包括内容的及时更新，还包括教学方法的多样化和评估方式的创新。通过这种动态调整，课程能够更好地反映当前的行业趋势和技术发展，同时也能激发学生的学习兴趣和参与热情，提高教学效果。

引入行业专家的定期审查是确保课程内容能够迅速适应行业变化和技术创新的重要手段。行业专家凭借其丰富的实践经验和专业知识，能够为课程内容提供宝贵的见解和建议。定期的专家审查能够帮助教育机构识别课程中的前瞻性问题，确保教学内容始终处于行业发展的前沿。此外，这种合作还可以为学生提供更多的行业视角，增强他们对未来职业发展的理解和准备。

在线学习平台的实时分析功能，是课程更新快速响应机制的技术支撑。通过这些平台，教师可以监测学生的学习进度和反馈，及时调整教学内容以满足学习需求。实时分析功能不仅可以追踪学生的学习路径，还能提供个性化的学习建议，帮助学生克服学习中的困难。同时，这些数据也为教师提供了改进教学策略的重要依据，以确保教学活动的高效性和针对性。

建立跨部门协作机制是实现课程快速响应的组织保障。通过这种机制，各学科及行业参与者能够在课程更新过程中进行有效的沟通，快速响应市场变化。跨部门协作不仅提高了课程更新的效率，还促进了不同学科之间的知识融合，推动了教育与产业的深度合作。这种协作机制有助于形成一个动态的课程更新生态系统，使课程更好地服务于学生的职业发展和行业的需求。

三、课程更新中的多方协作机制

（一）企业专家参与课程更新的流程

在数字时代，餐旅行业的人才培养必须紧跟技术和行业发展的步伐，这就要求课程体系的不断创新和更新。企业专家参与课程更新的流程是实现这一目标的重要环节。企业专家参与课程更新的流程主要包括建立企业专家顾问委员会，定期召开会议，讨论课程内容的相关性和行业需求的变化。这种机制不仅可以确保课程内容与行业的最新发展保持一致，还能帮助教育机构及时调整教学策略，培养出符合时代需求的人才。

为了更好地实现企业专家的有效参与，制定具体的流程至关重要。这包括需求调研、反馈收集和执行调整的时间表等步骤。通过这些流程，企业专家能够在课程更新的各个阶段提供有价值的意见和建议。需求调研可以帮助识别当前课程内容的不足之处，而反馈收集则能为课程的优化提供实证依据，执行调整的时间表确保了课程更新的及时性和有效性，使课程内容始终处于动态调整的状态。

企业实习和项目合作是收集用人单位对学生技能和知识具体反馈的重要途径。这些反馈不仅反映了行业对人才的实际需求，也为课程内容的优化提供了直接的指导。通过与企业的紧密合作，教育机构可以更准确地了解行业对技能和知识的最新要求，从而在课程开发和更新中及时作出调整，以确保学生所学与行业需求无缝对接。

在课程开发阶段，企业专家的专业意见尤为重要。他们的参与可以确保课程内容与行业标准和技术进步相一致。企业专家通过分享他们的专业知识和行业经验，可以帮助教育机构识别并融入最新的行业趋势和技术创新。这不仅提升了课程的专业性和实用性，也增强了学生的就业竞争力，使他们在毕业后能够迅速适应行业变化。

建立企业与教育机构之间的长期合作关系是支持课程持续更新和改进的关键。通过这种合作关系，可以实现信息共享和资源整合，形成一个良性循环的生态系统。这种合作不仅有助于课程内容的不断优化，也为学生提供了更多的学习和实践机会，使他们能够在真实的行业环境中提升自己的技能和知识储备。长期合作关系的建立，最终将推动产教融合的深入发展，为餐旅行业输送更多高素质的人才。

（二）课程更新中的校企合作模式

在数字时代，产教融合已成为推动餐旅人才培养的重要驱动力，尤其在课程体系的创新中，校企合作模式扮演着关键角色。建立校企合作机制，通过共同开发课程内容，能够确保课程与行业需求紧密结合。这种合作不仅提升了学生的职业素养和就业竞争力，还为企业提供了新鲜的知识和创新思维。通过这种双赢的合作模式，教育机构和企业能够共同应对快速变化的行业环境，确保培养出符合市场需求的高素质人才。

定期组织企业实习和实践项目是校企合作的重要组成部分。通过在真实工作环境中应用所学知识，学生能够增强实践能力和职业适应性。这不仅使学生在毕业后能够迅速适应工作岗位，也为企业提供了观察和选拔优秀人才的机会。通过在实践中检验理论知识，学生能够更好地理解行业运作模式，提升自身的专业能力和解决问题的能力。

邀请企业专家参与课程设计与评估是课程更新中不可或缺的环节。这些专家提供的行业前沿信息和技能要求，确保了教学内容的及时更新和实用性。通过与企业专家的深入合作，教育机构能够更好地把握行业发展趋势，调整课程内容，以培养出适应未来行业需求的专业人才。这种合作不仅提升了课程的质量，也为学生提供了直接接触行业前沿的机会。

推动校企联合举办讲座、研讨会等活动，有助于增强学生对行业动态的了解。这些活动不仅拓宽了学生的职业视野和人脉网络，也为他们提供了与行业领袖直接交流的机会。通过参与这些活动，学生能够更好地理解行业的发展方向和挑战，激发他们的创新思维和职业规划能力。这种互动为学生的职业发展奠定了坚实的基础。

建立反馈机制，定期收集企业对学生实习表现的评价，是课程改进和更新的重要依据。通过这种反馈机制，教育机构能够及时了解学生在实际工作中的表现和不足，从而在课程设计中进行针对性的调整。这不仅确保了教育质量的持续提升，也为企业提供了更符合其需求的人才。通过这种动态的调整机制，课程体系能够更好地适应行业的快速变化，培养出具有竞争力的餐旅人才。

（三）课程更新的跨部门协调机制

课程更新的跨部门协调机制对于确保课程的动态适应性和前瞻性至关重要。在数字化时代，餐旅行业的迅速发展要求教育机构能够及时响应行业变化，更新课程内容以满足市场需求。建立跨部门协调机制是实现这一目标的关键。通过定期召开协调会议，各部门能够在课程更新过程中实现信息共享与协作，确保每个部门的观点和需求都被充分考虑。这种机制不仅有助于消除信息孤岛，还能促进不同部门之间的理解与合作，从而推动课程更新的顺利进行。

制定跨部门课程更新工作流程是实现有效协作的另一重要步骤。明确各部门在课程设计、实施和评估中的具体职责与任务，可以避免职责不清和重复工作的问题。通过清晰的流程，各部门能够更高效地协同工作，确保课程更新的每个环节都能得到充分的关注和优化。此外，明确的流程还可以作为评估课程更新效果的基准，帮助各部门识别和解决可能出现的问题，从而提高课程更新的整体质量。

引入跨部门反馈机制是促进课程持续优化与改进的有效手段。通过及时收集各部门对课程内容和教学方法的意见，教育机构可以更好地了解课程实施中的实际情况和存在的问题。这种反馈机制不仅能够提供宝贵的第一手信息，还可以作为课程调整的依据，帮助教育机构快速响应变化的市场需求和学生的学习需求。同时，积极的反馈文化也能激励各部门更加主动地参与课程更新过程，推动课程的不断进步。

鼓励跨部门团队合作和组织跨学科项目是提升教师和学生在课程更新中的参与感和归属感的重要策略。通过跨学科项目，教师和学生可以在课程更新中扮演更积极的角色，充分发挥他们的创造力和专业知识。这种合作不仅能激发创新思维，还能增强团队凝聚力，提升课程更新的整体效果。此外，跨学科项目还能为学生提供宝贵的实践机会，使他们能够在真实的项目环境中运用所学知识，提升实际操作能力。

建立跨部门资源共享平台是支持课程更新有效实施的重要工具。通过整合教学资源、行业信息和研究成果，各部门可以更好地利用现有资源，避免重复劳动和资源浪费。这种共享平台不仅能提高资源利用效率，还能为课程更新提供丰富的素材和灵感，支持课程内容的创新和教学方法的改进。通过资源共享，教育机构可以更好地连接行业与学术，推动产教融合的深入发展，从而培养出更具竞争力的餐旅人才。

四、动态化课程更新技术支撑

（一）数字化工具在课程更新中的应用

数字化工具在现代课程更新中扮演着至关重要的角色。通过这些工具，教师能够实时收集和分析学生的学习数据，深入了解学生的学习进度和面临的困难。这种数据驱动的方法使得教师能够及时调整教学内容和方法，确保每位学生都能在适合自己的节奏下学习。这种个性化的教学策略不仅提高了教学效率，还增强了学生的学习体验，使教育过程更加贴合学生的实际需求。

在课程材料的更新方面，在线学习平台提供了极大的便利。教师可以通过这些平台迅速更新课程内容，确保其与行业的最新动态保持一致。这种即时更新的能力极大地提升了课程的时效性和相关性，使学生能够学习最前沿的知识和技能。随着行业的快速变化，保持课程内容的最新性对于培养符合市场需求的人才至关重要。

数字化工具还支持多种形式的互动学习，极大地增强了学生的学习参与感和协作能力。通过在线讨论、视频会议和虚拟小组项目，学生不仅能够与同学和教师进行实时互动，还能在协作中培养团队合作能力。这种互动式的学习模式有助于学生在实践中巩固所学知识，并在交流中激发创新思维。

虚拟现实技术和增强现实技术的应用为学生提供了在模拟环境中进行实践操作的机会。这些技术使得学生能够在安全的虚拟环境中进行实验和操作，提升其对课程内容的理解和应用能力。这种实践导向的学习方式不仅提高了学生的动手能力，还为其未来的职业发展打下了坚实的基础。

数字化工具可以根据学生的兴趣和学习进度提供个性化的学习资源和路径。这种个性化推荐系统确保每位学生都能获得与其学习需求相匹配的材料，促进其自主学习能力的提高。通过这种方式，学生的学习过程变得更加高效和有针对性，最终提升了整体的学习效果。

（二）大数据分析对课程需求的预测

大数据分析在课程需求预测中扮演着至关重要的角色。通过对海量数据的处理和分析，教育机构能够识别出行业内的技能缺口，从而及时调整课程内容以满足市场需求。这种前瞻性的调整不仅能够提升课程的时效性，还能确保学生在毕业时具备行业所需的最新技能，增强其就业竞争力。在数字化背景下，教育与行业的紧密结合变得尤为重要，大数据分析正是实现这种结合的有力工具。

通过对学生学习行为数据的分析，教育机构可以预测未来热门课程和模块，进而优化课程设置。这种基于数据的预测能够帮助学校提前做好课程规划，避免资源浪费。学生的学习行为数据不仅包括他们的学习成绩，还涵盖他们的学习兴趣、学习习惯以及学习路径等多方面的信息。通过对这些数据的深入挖掘，教育机构能够更好地理解学生的需求，提供更有针对性的课程选择。

大数据技术还能够跟踪行业发展趋势，实时更新课程内容，确保教育与行业需求的同步。这种动态化的课程更新机制使课程内容不再是静态的，而是能够随着行业的发展不断演进。教育机构通过定期更新课程内容，确保学生所学知识始终处于行业前沿，从而提高其在就业市场上的竞争力。此外，这种动态更新也能够激发教师的创新意识，推动教学方法的改革。

利用大数据分析，教育机构能够评估不同课程模块的受欢迎程度，从而调整教学资源的配置。通过分析学生对不同课程模块的选择和反馈，学校可以识别出哪些课程模块最受学生欢迎，哪些模块需要改进。这种基于数据的评估不仅能够提高教学资源的使用效率，还能帮助学校在课程设计上作出更合理的决策，确保教育资源的最大化利用。

大数据分析还可以为个性化学习提供依据，帮助学生根据自身需求选择最适合的课程和学习路径。通过对学生个体学习数据的分析，教育机构能够为每位学生量身定制学习方案，帮助他们在学习过程中实现个性化发展。这种个性化的学习体验不仅能够提高学生的学习效果，还能激发他们的学习兴趣和动力，最终实现教育质量的提升。

（三）人工智能辅助课程优化设计

人工智能在现代教育中的应用日益广泛，尤其是在课程优化设计中扮演着重要角色。通过人工智能辅助技术，课程设计者能够更有效地分析和优化课程内容。人工智能在课程内容分析中的应用，主要体现在通过学习数据挖掘技术，识别学生的学习需求和知识盲点。这一过程不仅帮助教师更好地理解学生的学习情况，还能有效地调整课程设置，以满足不同学生的学习需求。通过深入的数据分析，教师能够在课程设计中引入更有针对性的内容，确保每个学生都能在其学习过程中获得最大收益。

利用人工智能生成个性化学习路径是提升学习效率和参与感的关键。人工智能系统通过分析学生的学习习惯、兴趣和历史成绩，为他们提供定制化的学习资源和建议。这种个性化的学习路径不仅能帮助学生更高效地掌握知识，还能增强他们的学习积极性和主动性。个性化学习路径的设计，使学习不再是单一的线性过程，而是一个灵活的、能根据学生自身特点进行调整的动态过程。这种灵活性为学生提供了更大的学习自由度，也促进了自主学习能力的提升。

人工智能辅助的智能评估系统在教育中的应用，为教师提供了实时监测学生学习进展的工具。通过这些系统，教师能够及时获得学生的学习数据，并根据反馈调整教学策略。这一动态反馈机制不仅提高了教学的有效性，还为学生提供了更及时的学习指导和支持。智能评估系统的应用，使教师能够在教学过程中实时了解每个学生的学习状态，提供个性化的建议和帮助，从而大大提高了教学的质量和效率。

基于人工智能的内容推荐系统，通过分析学生的学习历史和兴趣，能够自动推荐相关课程和学习材料。这种推荐系统的应用，增强了学习的针对性，使学生能够更好地利用学习资源。通过智能推荐，学生可以接触到更多与其学习需求相关的内容，从而更加深入地理解和掌握所学知识。这种个性化的内容推荐，不仅提高了学习的效率，也激发了学生的学习兴趣和动力。

人工智能在课程设计中的模拟与预测功能，为教育机构进行课程内容的前瞻性规划和设计提供了有力的支持。通过分析行业趋势和技能需求，人工智能能够帮助教师预测未来的课程发展方向。这种前瞻性的课程设计，不仅能够更好地满足行业对人才的需求，还能为学生提供更具实用价值的学习内容。通过模拟与预测，教育机构能够在课程设计中更好地把握未来的发展趋势，确保课程内容的时效性和前瞻性。

第五章　数字时代产教融合驱动餐旅人才培养的师资队伍建设

第一节　师资队伍建设的基本概念

一、师资队伍的内涵

（一）师资队伍的构成要素与特征

师资队伍的构成要素与特征在数字时代的产教融合背景下，呈现出多样性和复杂性。

第一，师资队伍的构成不仅包括传统的教学人员，还涵盖行业专家、技术支持人员及管理人员。这种多元化的构成有助于在教学过程中融入更多的实践经验和行业视角，提升教学的实际应用价值。

第二，师资队伍的特征体现在其灵活性和适应性上。随着数字技术的不断发展，师资队伍需要具备快速学习和适应新技术的能力，以便更好地支持教学创新和教育变革。

第三，师资队伍还需要具备较强的沟通能力和团队合作精神，以促进跨学科的合作与交流。

在餐旅人才培养中，师资队伍的专业背景和教育经历的多样性尤为重要。多样化的专业背景能够为学生提供更广阔的视野和多元的知识体系，帮助学生更好地理解和适应行业的多变需求。这种多样性不仅体现在学科领域的广泛性上，还包括教育经历的国际化和多元文化的融入。通过引入具有不同教育背景的教师，学生能够接触到不同的教学方法和理念，从而培养其批判性思维和创新能力。此外，教育经历的多样性也为教师之间的相互学习和专业发展创造了条件，促进了教学质量的提升和教育资源的共享。

实践经验和行业连接度是师资队伍的重要组成部分。具备丰富实践经验的教师能够将理论知识与实际操作相结合，为学生提供更真实和具体的学习体验。这种经验的传递不仅有助于提高学生的实践能力，还能增强他们对行业的理解和认知。同时，师资队伍与行业的紧密联系也为学生提供了更多的实习和就业机会，帮助他们在毕业后更快地融入职场。此外，行业连接度还促进了课程内容的实时更新，确保教学内容始终与行业发展保持一致，为学生提供最新的知识和技能。

在快速变化的数字时代，师资队伍的持续学习和专业发展机制显得尤为重要。教师需要不断地更新自己的知识储备和技能，以应对新技术和新理念的挑战。通过参加专业培训、学术交流和行业研讨会，教师能够不断地提升自身的专业素养和教学能力。此外，建立良好的专业发展机制也是保障师资队伍质量的重要手段。通过设立明确的职业发展路径和激励机制，鼓励教师不断地追求卓越，推动教学质量的持续提升。这不仅有助于教师个人的发展，也为整个教育机构的长远发展奠定了坚实的基础。

团队协作和跨学科交流能力是现代师资队伍不可或缺的素质。在餐旅人才培养中，跨学科的合作能够为学生提供更全面和综合的教育体验。教师之间的协作不仅有助于资源的共享和教学方法的创新，也为学生提供了一个多元化的学习环境。此外，跨学科交流还促进了教育与行业的深度融合，推动了教育内容的不断更新和优化。通过团队协作，教师能够更好地整合各自的专业优势，为学生提供更优质和多样化的教育服务。这种协作能力的培养，不仅提升了师资队伍的整体素质，也为教育机构的可持续发展提供了重要的支持。

（二）师资队伍对餐旅人才培养的重要性

在数字时代，师资队伍在餐旅人才培养中扮演着至关重要的角色。师资队伍通过专业知识的传授，能够有效地提升学生的理论基础，为其后续的实践能力打下坚实的基础。在餐旅行业，理论知识与实践操作密切相关，只有具备扎实的理论基础，学生才能在实践中灵活应用所学，解决实际问题。教师作为知识的传递者，其专业水平直接影响着学生的学习效果。因此，师资队伍的专业素养和教学能力成为餐旅人才培养质量的关键。

师资队伍的持续专业发展确保了教学内容与行业标准的同步更新，从而提高了学生的就业竞争力。餐旅行业的快速发展和变化要求教育内容紧跟行业趋势，教师通过不断的专业发展和培训，能够及时更新教学内容，使学生在校期间就能接触到最新的行业动态和标准。这种与行业同步的教学方式，使学生在毕业时能够迅速适应职场需求，具备较强的就业竞争力。因此，师资队伍的持续专业发展不仅是自身职业的需求，还是提升学生竞争力的必要条件。

师资队伍的跨学科合作能力为学生提供了多元化的学习体验，培养了学生的创新思维和综合素质。在数字时代，餐旅行业的复杂性和多样性要求人才具备跨学科的知识和技能。师资队伍通过跨学科的合作和教学，能够为学生提供丰富的学习视角和多元的知识体系。这种多样化的学习体验，不仅拓宽了学生的知识面，还激发了他们的创新思维，提高了他们的综合素质，使其在未来的职业生涯中具备更强的适应能力和创新能力。因此，师资队伍的跨学科合作能力是培养全面发展的餐旅人才的重要保障。

二、师资队伍建设的目标与原则

(一) 师资队伍建设的目标

在数字时代的背景下，餐旅行业的快速发展对教育提出了更高的要求，因此师资队伍建设的目标显得尤为重要。

提升师资队伍的专业素养是建设目标的核心。教师不仅需要具备扎实的理论基础，还需要掌握最新的行业知识和教学技能，以满足餐旅教育的高标准要求。这不仅涉及对现有知识体系的更新，更需要教师能够灵活运用数字技术进行教学，以适应快速变化的行业环境。通过不断地提升专业素养，教师可以在教学中融入最新的行业趋势和技术应用，确保教育内容的前沿性和实用性。

建立师资队伍的持续培训机制是实现建设目标的关键。持续的职业培训和发展计划可以帮助教师不断地更新知识，提升教学能力。这样的机制不仅促进了教师的个人成长，也提升了其行业适应性。在培训过程中，教师可以通过参与行业研讨会、专业技能培训和教学交流活动，获得新的教学方法和行业动态。这种持续的学习和发展过程，不仅增强了教师的职业能力，也提升了他们对教育事业的热情和投入度。

推动师资队伍的多元化是师资队伍建设目标的另一个重要方面。吸引不同背景和经验的专业人士加入教育队伍，可以丰富教学内容与视角，提升教育质量。多元化的师资队伍能够为学生提供更加全面和多样化的学习体验，帮助学生更好地理解和适应多变的行业环境。通过引入来自不同文化和专业背景的教师，教育机构可以在课程设计和教学方法上实现创新，满足学生多样化的学习需求。

加强师资队伍与行业的合作关系是实现师资队伍建设目标的重要策略。通过与行业的紧密合作，教师能够及时获取行业动态，增强课程的实用性和前瞻性。这种合作不仅有助于教师了解行业的发展趋势和需求，还可以为学生提供实用的行业经验和见解。在合作过程中，教师可以通过行业实习、企业参观和行业专家讲座等方式，将最新的行业信息和实践经验融入教学中，从而提高教学的实用性和针对性。

（二）师资队伍建设的原则

师资队伍建设的原则在数字时代显得尤为重要。一个有效的师资队伍建设应当以学生为中心，关注学生的学习需求与发展目标。这一原则不仅仅是对传统教育理念的延续，更是在数字时代背景下对教育本质的深入理解。学生是教育的主体，教师的职责在于引导和支持学生的全面发展。因此，师资队伍建设必须确保教学内容与方法符合学生的实际情况，灵活调整教学策略，以适应不同学生的学习风格和需求。这种以学生为中心的原则，要求教师具备敏锐的观察力和灵活的应变能力，以便在教学过程中及时调整和优化教学方案。

在师资队伍建设中，实践导向是一个不可或缺的原则。与行业的紧密合作是实现这一原则的关键。通过与行业的合作，教师能够及时获取最新的行业动态和技能，并将其融入教学实践中。这不仅提升了教学的实用性和前瞻性，也增强了学生的职业竞争力。在数字时代，行业的发展日新月异，教师需要不断地更新知识储备，以保持教学内容的时代性和实用性。通过实践导向的师资队伍建设，教师不仅是知识的传授者，还是行业发展的引导者和学生职业发展的支持者。

跨学科的知识融合是师资队伍建设的另一个重要原则。在数字时代，知识的边界变得模糊，跨学科的交流与合作成为创新的源泉。因此，鼓励教师在不同领域之间进行交流与合作，能够丰富课程内容和教学方法，培养学生的综合素养和创新能力。跨学科的知识融合不仅拓宽了教师的视野，也为学生提供了多元的学习体验。通过这种方式，师资队伍建设能够更好地适应数字时代的教育需求，培养出具备跨学科思维和创新能力的人才。

建立有效的反馈机制是师资队伍建设持续改进的重要保障。通过定期的评估和反思，教师能够及时发现教学中的问题和不足，并采取措施进行改进。这种反馈机制不仅有助于提升教学质量，也促进了教师的专业发展。在数字时代，市场需求不断变化，教育也需随之调整和优化。通过反馈机制，教师能够及时了解市场需求的变化，调整教学内容和方法，以确保教育的适应性和有效性。这样，师资队伍建设才能在快速变化的时代背景下，保持其活力和创新能力。

三、师资队伍建设的意义与价值

（一）师资队伍建设对提升教育质量的作用

师资队伍建设在提升教育质量方面具有不可忽视的作用。师资队伍的专业素养直接影响教学内容的更新与质量，确保学生获取最新的行业知识和技能。在数字时代，行业知识和技能的快速更新要求教师具备不断学习和适应的能力。通过师资队伍建设，教师能够更好地掌握行业动态和前沿技术，使教学内容始终保持与行业发展的同步。同时，教师的专业素养也决定了教学质量的高低，只有具备高水平专业素养的教师，才能设计和实施高质量的课程，培养出符合行业需求的人才。

高素质的师资队伍能够采用多样化的教学方法，激发学生的学习兴趣，提高其参与度和实践能力。在现代教育中，传统的教学方式已无法满足学生的多样化需求。通过师资队伍建设，教师可以学习和掌握多种教学方法，如项目教学、案例分析和情境教学等，这些方法有助于提高学生的学习兴趣和参与度。此外，多样化的教学方法也为学生提供了更多的实践机会，帮助他们将理论知识应用于实际问题解决中，从而提高实践能力和创新思维。

师资队伍的持续培训与发展机制促进教师的职业成长，从而提升教学效果和学生的学习成果。持续的培训与发展机制为教师提供了职业发展的路径，使他们在职业生涯中不断地进步和成长。在这种机制下，教师不仅能够提高自身的专业知识和教学技能，还能通过交流和合作，获取新的教学理念和方法。这种职业成长不仅提升了教师的教学效果，也直接影响学生的学习成果，学生在高水平教师的指导下，能够更好地掌握知识和技能，提升综合素质。

跨学科的师资队伍建设为学生提供了更广泛的视野和多元化的学习体验，增强了学生的创新能力和综合素质。在数字时代，单一学科的知识已不足以应对复杂的行业挑战。通过跨学科的师资队伍建设，学生能够接触到不同领域的知识，拓宽视野，培养跨学科思维能力。这种多元化的学习体验不仅增强了学生的创新能力，还提升了他们的综合素质，使其在未来的职业生涯中更具有竞争力。跨学科的学习也促进了学生的团队合作能力和沟通能力，为其职业发展打下了坚实的基础。

（二）师资队伍建设对推动产教融合的贡献

师资队伍建设在推动产教融合中扮演着重要角色。

师资队伍的多元化背景为课程内容的丰富性提供了保障。来自不同专业背景的教师能够将各自领域的知识和经验融入课程设计中，这不仅满足了学生多样化的学习需求，还促进了产教融合的有效实施。通过引入多元化的教学视角，学生能够获得更加全面和立体的学习体验，从而提升其在餐旅行业中的竞争力。此外，多元化的师资背景也为课程创新提供了更多的可能性，使课程内容更具有吸引力和实用性。

师资队伍的持续专业发展是确保教育内容与行业标准保持一致的关键因素。随着餐旅行业的快速发展和变化，教育内容必须不断地更新以反映最新的行业趋势和标准。通过定期的专业培训和发展计划，教师能够及时掌握行业动态和新技术，从而在教学中融入最新的行业标准和实践。这种持续的专业发展不仅提升了教育的相关性和适应性，也为产教融合的深化提供了坚实的基础。教师在课堂上结合行业标准进行教学，使学生在校期间便能接触到实际行业环境，从而缩短了从学校到职场的适应时间。

在教学过程中，师资队伍通过运用现代信息技术，实现了线上线下结合的教学模式。这种混合式教学模式不仅突破了教学的时空限制，还促进了学生的自主学习和实践探索。通过利用信息技术，教师能够提供丰富的在线学习资源和实践机会，使学生在课外也能进行深入的学习和探究。这种教学模式增强了产教融合的效果，使得学生在理论学习与实践应用之间建立起更加紧密的联系。现代信息技术的运用还提升了教学的互动性和参与度，激发了学生的学习兴趣和主动性。

（三）师资队伍建设对促进餐旅行业发展的意义

师资队伍建设在餐旅行业的发展中扮演着至关重要的角色。高素质的师资队伍不仅能够提升行业整体的专业水平，还能通过培养高素质的教师，直接影响行业内人才的专业能力与服务质量。教师是知识的传播者和技能的传授者，他们的专业素养直接决定了学生的学习效果和未来的职场表现。通过不断地提升师资队伍的专业能力，餐旅行业可以确保教育内容的先进性和实用性，进而提高行业从业人员的整体素质和服务水平。

高质量的师资队伍是推动餐旅行业创新与发展的重要动力。通过引入新的教学理念和实践经验，教师可以在课程中融入最新的行业技术和管理方法，帮助学生掌握前沿知识。这不仅能满足行业对创新人才的需求，还能推动整个行业的技术进步与管理优化。教师的创新实践可以激发学生的创造力和批判性思维，使他们在面对复杂问题时能够提出有效的解决方案，从而为行业的长远发展提供源源不断的创新动力。

师资队伍的持续发展与行业联系紧密，为餐旅企业提供了最新的市场需求信息，帮助企业在人才培养和招聘上作出更精准的决策。通过与行业的紧密合作，教师能够及时了解市场的变化和企业的实际需求，并将其转化为教学内容。这种反馈机制使课程设计更加符合企业需求，培养出的人才能够更快地适应职场环境。企业在招聘时也能够根据教师提供的信息，制定更具针对性的招聘策略，确保选拔出最符合企业发展需求的人才。

通过师资队伍建设，餐旅行业能够形成良好的职业发展路径，吸引更多的优秀人才进入该领域，从而增强行业的竞争力与可持续发展能力。完善的职业发展路径不仅能为从业者提供清晰的职业规划，还能提高他们的职业忠诚度和工作积极性。这种良性循环能够吸引更多的优秀人才投身于餐旅行业，为行业的持续创新和发展提供不竭的动力。通过不断优化师资队伍建设，餐旅行业将迎来更加辉煌的未来。

第二节　师资队伍的培养与发展

一、师资队伍的培养模式

（一）校企合作共建师资培养基地

校企合作共建师资培养基地的实施是数字时代产教融合的重要举措，其目标在于通过整合教育资源与行业实践，提升师资队伍的专业素养和实践能力。在这一模式下，高校与企业携手合作，共同搭建一个资源共享的平台，使教师能够在真实的行业环境中得到锻炼。这不仅有助于教师深入了解行业的发展动态和技术前沿，还能促使其在教学中融入最新的行业实践，进而提升教学质量和学生的职业竞争力。通过这种合作，教育与产业之间的界限被打破，形成了一个相互促进、共同发展的良性循环。

校企合作共建师资培养基地还为教师提供了丰富的实习和实践机会，使其能够直接接触行业动态，及时更新教学内容。这种直接的行业接触让教师在教学中更有实战经验，能够更好地将理论与实践相结合。此外，教师在企业环境中获得的经验和见解，也为其在课堂上提供了更生动和具体的案例，增强了教学的吸引力和实用性。这种实践导向的培养模式，使教师不仅是知识的传授者，还是行业经验的分享者，从而激发学生的学习兴趣和创新思维。

校企合作共建师资培养基地的建立还促进了教师与行业专家的交流与合作，增强了师资队伍的跨学科能力和创新思维。通过与行业专家的互动，教师能够获得不同学科领域的知识和技能，拓宽其专业视野。这种跨领域的合作，不仅提升了教师的个人能力，也为学校的课程设置和教学方法带来了新的启发和思路。教师在与行业专家的合作中，能够更好地理解行业需求，从而在教学中更有针对性地培养学生的实际操作能力和创新能力。

校企合作共建师资培养基地的建立有助于形成长期稳定的师资培训机制，确保教师的持续专业发展与职业成长。这种机制的建立，为教师提供了一个持续学习和发展的平台，使其能够在职业生涯的各个阶段都保持专业的活力和竞争力。通过定期的培训和交流，教师不仅能够不断地更新自己的知识储备，提高技能水平，还能在与同行的交流中获得新的教学理念和方法。这种持续的专业发展，不仅提升了教师的个人能力，也为学校的教学质量和学生的培养成效提供了坚实的保障。

（二）校内培训与校外进修相结合

校内培训与校外进修相结合是提升餐旅教育师资水平的重要策略。在数字时代，行业知识和技术发展日新月异，教师需要不断地更新其知识储备，提高教学技能。通过校外进修，教师可以接触到最新的行业动态，参与行业会议和研讨会，不仅有助于他们获取最新的行业知识，还能为其教学内容的更新提供重要的参考和启发。校内培训则可以帮助教师将这些新知识转化为教学实践的具体方案，确保教学内容与行业发展保持同步。

校外进修应结合行业动态，鼓励教师积极参与相关活动，以获取最新的行业知识和技术发展。这种策略不仅能够帮助教师更新教学内容，还能促进他们在教学方法上的创新。通过参与行业会议和研讨会，教师能够与行业专家和同行进行深入交流，了解当前的行业趋势和技术前沿。这种互动不仅拓宽了教师的视野，也为他们的教学提供了丰富的素材和案例分析的机会，从而提升了教学的实用性和前瞻性。

校内培训与校外进修应形成有效的反馈机制，以确保教师在校外进修期间的学习成果能够及时反馈到校内教学中。这种机制的建立对于促进课程的持续优化至关重要。教师在校外获取的新知识和技能，需要通过校内的教学实践加以验证和完善。反馈机制可以帮助教师在教学过程中不断反思和改进，从而实现教学质量的提升。此外，学校应鼓励教师在校内分享其进修经验，促进教学团队的整体发展和进步。

校内培训与校外进修的结合还应关注教师的个性化发展需求。不同背景的教师在专业素养和职业发展路径上有着不同的需求，因此，需要量身定制的培训方案。学校应根据教师的个人发展目标和专业特长，提供多样化的培训选择，以提升其专业素养和职业发展路径。通过个性化的培训方案，教师可以更好地发挥自身优势，推动餐旅教育的创新和发展。这种针对性的培养模式，不仅有助于教师个人的成长，也为学校整体教学水平的提升奠定了坚实的基础。

（三）导师制与项目制培养模式

导师制与项目制培养模式在当今数字时代的师资培养中扮演着至关重要的角色。导师制培养模式通过建立“一对一”的师生关系，提供个性化的指导与支持，帮助教师在专业发展过程中克服具体挑战。这种模式不仅关注教师的学术能力提升，还注重其在职业生涯中的心理支持与职业规划。通过与经验丰富的导师建立长期的联系，教师能够获得持续的反馈与成长机会。这种关系的建立不仅有助于解决教学过程中遇到的实际问题，还能为教师提供一个安心的学习与成长环境，使其在不断变化的行业背景下保持竞争力。

项目制培养模式则强调基于实际项目的学习，鼓励教师在团队合作中提升跨学科能力与创新思维，以适应行业需求。通过参与真实的行业项目，教师能够体验到实践导向的学习过程，不仅提升了其教学内容的实际应用性和前瞻性，还使其能够更好地理解行业的最新动态和趋势。在项目制培养模式中，教师被鼓励打破学科界限，进行跨领域的合作与创新，这种培养方式特别适合应对数字时代复杂多变的教育需求。

导师制与项目制培养模式各有其独特的优势，前者侧重于个性化和长期发展的支持，后者则强调实践应用和团队合作的能力。两者结合，可以为教师提供全面的发展路径，使其在职业生涯中获得更广阔的成长空间。通过这种双轨制的培养模式，教师不仅能够提升自身的专业素养，还能更好地服务于餐旅行业的人才培养需求，为行业的发展注入新的活力和创新能力。在数字化转型的背景下，这种复合型的培养模式显得尤为重要，它不仅符合行业对人才的多样化需求，也为教育体系的改革提供了新的思路和方向。

二、师资队伍的实践能力提升

（一）企业挂职锻炼与实习指导

企业挂职锻炼与实习指导在当前数字时代的背景下，已成为提升师资队伍实践能力的关键途径。教师通过参与企业挂职锻炼，能够直接接触到行业的最前沿动态，了解最新的市场需求和技术发展。这种直接的行业接触不仅有助于教师更新其教学内容，使之更贴近实际需求，也能够帮助教师在课程设计中融入最新的行业趋势和技术创新。这种更新和调整是确保课程内容与行业实际相符的重要方式，进而提高了学生在学习过程中的实际应用能力和就业竞争力。

通过企业挂职锻炼，教师能够将理论知识与实际操作相结合，显著地提升自身的实践能力和教学效果。企业提供了一个真实的操作平台，使教师可以在实践中验证和应用所学理论，发现理论与实践之间的差距和联系。这种结合不仅提升了教师的教学效果，也增强了学生的学习体验，使学生能够更好地将课堂上学到的知识应用于实际工作中。此外，教师在企业中的实践经验也为学生提供了更生动和切实的案例分析，使教学内容更具有吸引力和说服力。

企业挂职锻炼还促进了教师与行业专家之间的交流与合作。这种交流不仅帮助教师建立了广泛的行业人脉，也提升了他们在教育领域的影响力和专业声誉。通过与行业专家的合作，教师能够获取第一手的行业信息和资源，这些信息和资源可以转化为教学中的宝贵素材。同时，这种合作关系也为教师的职业发展提供了更多的机会，使其能够参与更多的行业项目和研究，从而进一步提升其专业水平和教学质量。在这个过程中，教师不仅成为知识的传授者，也成为行业与教育之间的桥梁。

（二）参与行业竞赛与技能比武

在数字时代，参与行业竞赛与技能比武已成为教师提升实践能力的重要途径。这些活动为教师提供了一个直接应用所学知识的机会，使其教学内容更具有实用性与前瞻性。通过参与竞赛，教师能够将理论知识转化为实践能力，提升其在真实情景中的解决问题能力。此外，这些竞赛还促进了教师对行业发展趋势的理解，使其教学内容能够紧跟行业前沿，培养出更符合市场需求的人才。

技能比武则为教师提供了展示专业技能的平台。在这些活动中，教师不仅能够检验自身的专业水平，还能通过实际操作增强自信心和提高行业认知。技能比武的过程是一个不断挑战自我的过程，教师在其中能够发现自身的不足，并通过后续的学习和实践进行弥补。通过这种方式，教师不仅能提高个人的专业技能，还能在不断的实践中积累宝贵的经验，提升自身的教学能力和水平。

行业竞赛与技能比武还促进了教师之间的交流与合作。在共同参与这些活动的过程中，教师能够分享经验，互相学习，形成良好的合作氛围。这种合作不仅有助于提升整体师资水平，还能促进教学方法的创新和改进。通过与同行的交流，教师能够获取新的教学思路和方法，进而优化自身的教学策略，提升教学效果。

通过参与行业竞赛，教师不仅能够获得行业认可的证书或奖项，还能增强其职业竞争力，提升个人在行业内的影响力和声誉。这些荣誉不仅是对教师专业水平的认可，也是对其在行业内贡献的肯定。获得这些荣誉的教师在职业发展中往往能够获得更多的机会，如晋升、加薪或参与更高层次的项目。这不仅提升了教师的职业自信，也为其未来的职业发展奠定了坚实的基础。

（三）行业案例分析与教学应用

在数字时代，行业案例分析与教学应用成为提升教师实践能力的重要途径。通过对行业内成功企业的培训模式进行深入的分析，教师能够从中汲取有效的教学策略和课程设计理念。这不仅有助于提升教师自身的教学质量，还能更好地培养学生的实践能力。行业案例分析强调理论与实践的结合，使教师能够在教学中融入最新的行业动态和技术应用，从而使课程内容更具有时代性和应用性。此外，教师通过案例分析可以更好地理解企业对人才的实际需求，从而在教学中更有针对性地培养学生的专业技能和综合素质。这种教学应用的创新，不仅提升了教师的实践能力，也为学生提供了更广阔的视野和更丰富的实践经验。通过这种方式，教师不仅成为知识的传授者，还是学生职业发展的引导者和行业发展的推动者。

（四）跨学科教学与团队合作

在数字时代，跨学科教学与团队合作成为提升师资队伍实践能力的关键策略。跨学科教学不仅仅是知识的简单叠加，更是通过多学科的有机结合，能够促进学生综合素质的提升。这种教学模式能够培养学生在不同领域的适应能力和创新思维，使他们能够在快速变化的社会和行业环境中游刃有余。通过跨学科的教学方法，学生能够接触到不同学科的思维方式和方法论，从而形成多角度的思维习惯。这不仅有助于他们在学术研究中取得突破，也为其在实际工作中解决复杂问题奠定了基础。

团队合作在提升教师实践能力方面同样不可或缺。教师之间的协作与沟通能够形成多元化的教学方法，提高课程的整体质量。团队合作不仅可以实现资源的共享和教学经验的交流，还能够激发教师的创新潜力。通过共同参与教学设计和课程开发，教师可以将各自的专业特长和教学经验融入课程中，形成具有丰富内涵和多样化视角的教学内容。这种合作不仅提升了教学效果，也为教师自身的职业发展提供了新的机遇和挑战。

跨学科教学为学生提供了更广阔的视野，使其能够从不同学科的角度分析和解决问题，增强实践能力。在这种教学模式下，学生不仅能够掌握各学科的基本知识，还能学会将这些知识应用于实际情境中。这种能力对于餐旅行业的人才培养尤为重要，因为该行业需要员工具备灵活的思维和解决问题的能力。通过跨学科的学习，学生能够在复杂多变的工作环境中迅速适应并作出有效的决策，从而提升其职业竞争力。

团队合作在课程开发中发挥着重要作用，通过集思广益，整合各学科的优势资源，设计出更具吸引力和实用性的课程内容。在团队合作中，教师可以充分利用各自的学科背景和专业技能，创造性地解决教学中的难题。通过多学科的合作，课程内容不仅更加丰富多彩，也更贴近行业实际需求。这种合作模式不仅提高了课程的实用性和吸引力，也为学生提供了更全面和深入的学习体验，从而有效地提升了学生的综合素质和实践能力。

三、师资队伍的创新能力培养

（一）创新思维与教学方法创新

创新思维与教学方法创新在数字时代的产教融合中扮演着至关重要的角色。

通过创新思维的培养，教师可以引导学生通过开放式问题进行自主探索，从而激发他们的创造力与批判性思维。这种培养方式不仅有助于学生在面对复杂问题时提出独特的见解，还能促进他们在动态变化的环境中灵活应对。开放式问题的设计需要教师具备敏锐的洞察力和丰富的学科知识，以便在教学过程中引导学生深入思考，鼓励他们提出新颖的解决方案。通过这样的方式，学生不仅能够掌握学科知识，还能在思维上实现突破，为未来的职业发展奠定坚实的基础。

采用项目导向的教学方法是提升学生解决实际问题能力的有效途径。在这种教学模式下，学生被鼓励在真实项目中应用所学知识，从而将理论与实践相结合。项目导向的教学不仅能够增强学生的动手能力，还能提升他们在团队协作中的沟通与协调能力。教师在设计项目时，需要关注项目的现实性和挑战性，以确保学生能够在完成项目的过程中经历完整的问题解决过程。通过这种实践导向的学习，学生能够更好地理解知识的应用价值，并在解决实际问题的过程中提升自信心和成就感。

跨学科的合作教学是拓宽学生思维视野与提高创新能力的重要手段。在跨学科合作中，不同学科的知识与技能得以融合，为学生提供了更加多元的学习体验。教师通过设计跨学科的课程，能够激发学生对不同领域的兴趣，并促使他们在跨学科的背景下进行创新思考。这种教学方法要求教师具备跨学科的知识储备和合作意识，以便在教学过程中实现不同学科的有效整合。通过跨学科的学习，学生能够培养出更全面的思维能力，为应对未来复杂的社会和职业挑战作好准备。

现代数字化工具与技术的利用是提升学生参与感与学习动机的关键因素。教师可以通过设计互动性强的课程，利用数字化工具激发学生的学习兴趣，并促进创新思维的产生。这些工具不仅能够提供丰富的学习资源，还能通过互动平台增强师生之间的沟通与反馈。在数字化教学环境中，教师需要不断地更新自己的技术技能，以便在教学中灵活运用各种数字化工具，提升教学效果。通过这种方式，学生能够在一个充满活力和互动的学习环境中，激发出更高的学习热情和创新潜力。

（二）科研能力与成果转化

科研能力与成果转化在数字时代的产教融合背景下显得尤为重要。教师的科研能力不仅是其个人学术水平的体现，也是推动教学质量提升的关键因素。

科研能力的培养应注重教师的研究方法与技能提升，确保教师掌握科学研究的基本原则和技术。通过系统的培训和实践，教师可以提高其科研水平和成果质量，从而在学术界和行业中获得更高的认可度。科研能力的提升不仅仅是知识的积累，更是创新思维的培养，这对于适应快速变化的行业需求和技术进步至关重要。

在产教融合的框架下，教师应积极参与产学研结合的项目。这不仅可以通过实际研究与行业需求的对接，提升科研成果的实用性和市场适应性，还能为学生提供更贴近实际的学习内容和经验。通过与企业、科研机构的合作，教师可以获得第一手的行业动态和技术前沿信息，这对于科研课题的选择和研究方向的确定具有重要指导意义。此外，这种合作也为教师提供了更多的资源和平台，支持其科研工作的深入开展和创新突破。

建立科研成果转化机制是实现科研价值最大化的重要途径。通过合理的机制设计，鼓励教师将研究成果应用于教学实践中，实现理论与实践的有效结合。这不仅能提升教学质量，还能激发学生的学习兴趣和创新能力。科研成果的转化不仅限于学术论文的发表，还应注重其在实际应用中的价值体现。通过将科研成果融入课程设计和教学方法中，教师可以为学生提供更具实用性和前瞻性的教育内容。

促进教师之间的科研合作与交流是增强科研创新能力的重要手段。通过团队研究和跨学科合作，教师可以借助不同学科的视角和方法，推动科研成果的多元化应用。这样的合作不仅能带来新的研究思路，还能拓宽教师的学术视野和提高专业技能。在跨学科合作中，教师可以学习其他领域的先进技术和理论，从而为自身的科研工作注入新的活力和动力。这种合作模式也为教师提供了更多的交流机会，促进了学术思想的碰撞和创新成果的产生。

（三）教学研究与教学改革

在数字时代，教学研究与教学改革成为提升师资队伍创新能力的关键环节。教学研究应当聚焦于实际行业需求的课程改革，确保课程内容能够及时反映市场动态。这种与市场紧密结合的课程设计，不仅能够增强学生的就业能力，还能提高他们在行业中的适应性。通过对市场的深入分析和对行业趋势的把握，教师在课程中融入最新的行业发展信息，使学生在学习过程中逐步掌握与行业需求一致的技能和知识结构。

为了推动教学改革，鼓励教师开展创新研究显得尤为重要。通过实验和反馈机制，教师可以探索新颖的教学方法和工具，以提高学生的学习动机和参与度。创新的教学方法不仅能够激发学生的学习兴趣，还能帮助他们更好地理解和掌握课程内容。通过实践和反馈，教师能够不断地优化教学策略，创造出更高效和有趣的课堂环境，进而提升整体教学效果。

建立完善的教学研究评估体系是教学改革的重要保障。定期对教学效果进行分析和总结，可以为课程的持续改进提供数据支持与理论依据。通过科学的评估方法，教师能够了解教学改革的实际效果，识别出教学中的优势与不足，从而有针对性地进行调整和改进。这种基于数据的评估体系，不仅提升了教学研究的科学性和客观性，也为教师提供了持续发展的动力和方向。

促进教师之间的教学经验分享与合作，是提升教学质量和课程吸引力的重要途径。通过团队研究和集体备课，教师可以分享各自的教学经验，取长补短，共同提升教学水平。集体备课不仅可以丰富课程内容，还能增强课程的整体吸引力，使其更具系统性和连贯性。通过这种合作与交流，教师能够不断地拓宽自己的教学视野，提升专业素养，进而推动整个师资队伍的创新能力建设。

第三节　师资队伍的激励机制

一、激励机制的概念

激励机制是指组织或系统为了激发、引导和维持个体或群体的行为，朝着预定目标前进而设计的一系列制度、措施和方法的总称。它通过正向或负向的激励手段，促使个体或群体产生期望的行为反应，进而提升整体效能和绩效。

激励机制的核心在于识别并满足个体或群体的内在需求与动机。这包括物质需求（如薪酬、奖金）、精神需求（如认可、尊重）以及职业发展需求（如晋升机会、培训资源）。通过合理配置这些激励要素，可以激发个体的积极性和创造力，使其在工作中表现出更高的热情和投入度。

有效的激励机制应具备几个关键特征：一是公平性，确保激励措施对所有符合条件的个体或群体一视同仁，避免主观偏见；二是针对性，根据不同个体或群体的特点和需求，设计差异化的激励方案；三是及时性，在个体或群体取得显著成绩或进步时，及时给予肯定和奖励，以强化其正向行为；四是可持续性，通过构建长期稳定的激励体系，确保激励效果的持续性和稳定性。

二、物质激励机制

（一）薪酬体系与福利待遇

在数字时代，餐旅教育领域的师资队伍建设中，薪酬体系与福利待遇的设计至关重要。建立具有竞争力的薪酬体系不仅能吸引高素质的教师，还能有效地留住他们。为了确保教师在餐旅教育领域的专业发展，薪酬体系应考虑教师的学历背景、教学经验和科研成果等多方面的因素。合理的薪酬水平能够激发教师的工作热情，促使其在教学和科研中不断地追求卓越，从而提升整体教育质量。

此外，提供多样化的福利待遇也是提高教师工作满意度和忠诚度的关键措施。具体而言，完善的医疗保险、退休金计划和职业发展支持等福利项目，能够有效地减轻教师的后顾之忧，使其能够更加专注于教育和科研工作。通过这些措施，学校和教育机构能够在激烈的市场竞争中保持对优秀教师的吸引力，确保师资队伍的稳定性和持续发展。

绩效奖金和奖励机制也是物质激励机制的重要组成部分。设立明确的绩效评估标准和奖励制度，能够激励教师在教学和科研中追求更高的成就。通过定期的绩效评估，教师能够获得及时的反馈和认可，从而激发其潜能，促进其专业成长。同时，定期进行薪酬市场调研，确保教师的薪酬水平与行业标准保持一致，也是维护师资队伍稳定性的重要手段。这不仅能防止优秀教师的流失，还能为教育机构在人才争夺战中赢得主动。

（二）科研奖励与项目资助

科研奖励与项目资助在数字时代的餐旅人才培养中扮演着关键角色。科研奖励机制的设计应基于教师的研究成果和教学表现，设定明确的评估标准，以激励教师在科研领域的积极性和创造力。通过这种机制，教师能够在教学工作中保持科研热情，从而推动教育质量的提升。在餐旅行业快速发展的背景下，教师的科研活动不仅需要具备学术价值，还应与实际应用紧密结合。因此，科研奖励机制的设立应考虑研究成果的创新性和对行业的贡献度，以确保激励措施的有效性。

项目资助是促进教师参与行业相关研究的重要手段。针对符合餐旅行业需求的研究主题，项目资助鼓励教师申请并参与相关科研项目。这种支持不仅提升了研究的实用性和市场价值，还使教师能够在研究过程中不断更新知识，紧跟行业发展前沿。通过项目资助，教师得以在研究过程中积累实践经验，并将这些经验融入教学中，从而实现教学与科研的良性互动。项目资助的成功实施需要明确的申请和评审流程，以确保资源的合理分配和使用。

建立科研奖励与项目资助的联动机制，能够有效地促进教师在教学与科研之间的结合。通过提供资金支持和奖励，教师在科研中获得的成果可以直接转化为教学资源，提升整体教育质量。此外，定期举办科研成果展示和评比活动，不仅能激励教师分享研究经验和成果，还能增强师资队伍的学术氛围和合作精神。这些活动为教师提供了一个交流和学习的平台，促进了教师之间的合作与创新，推动了餐旅行业教育的可持续发展。

（三）企业合作与产学研收益

企业合作与产学研收益在数字时代的餐旅人才培养中扮演着至关重要的角色。企业合作为师资队伍提供了宝贵的实践机会，使教师能够直接参与到行业项目中。这种直接参与不仅提高了教师对行业动态的敏感度，还使其能够将最新的行业发展和技术动向融入教学内容中，提升教学的实际应用性。此外，通过企业合作，教师得以在真实的商业环境中体验和理解行业需求，从而更有效地将其转化为课堂教学的一部分，促进教学内容的实用性和创新性。

通过产学研合作，企业可以为教育机构提供最新的行业动态和技术支持，确保教学内容与市场需求保持一致。这种合作模式可以使教育机构及时更新课程内容，采用行业前沿的技术和方法，保持其教学的现代性和相关性。企业的技术支持不仅帮助教师提升其专业能力，还为学生提供了接触最新行业技术的机会。通过这种方式，教育机构能够培养出更符合市场需求的人才，学生在毕业时即具备较强的行业竞争力。

企业的参与不仅提升了师资队伍的专业素养，还为学生提供了实习和就业机会，增强了学生的职业竞争力。企业合作为学生提供了更多的实习机会，使他们能够在真实的工作环境中积累经验，提升实际操作能力。这样的安排不仅为学生的职业生涯打下了坚实的基础，还使他们在就业市场上更具有竞争力。同时，企业也因获得了经过实践锻炼的高素质人才而受益，形成了双赢的局面。

企业合作能够促进教育与行业的深度融合，推动课程改革与创新，提高整体教育质量和行业适应性。这种深度融合使得教育机构可以在课程设置上更加灵活，及时调整教学内容以适应行业变化，推动课程的改革与创新。通过这种方式，教育质量得以提升，学生的学习内容更加贴近实际需求，培养出的毕业生能够更好地适应快速变化的行业环境，从而推动整个餐旅行业的进步与发展。

（四）国际交流与合作资助

国际交流与合作资助是提升教师专业能力和扩大学术影响力的重要手段。通过建立国际交流基金，教育机构可以支持教师参与国际会议和研讨会。这不仅有助于教师拓展其专业网络，还能通过与全球同行的互动，提升其在学术界的影响力。参与这样的活动，教师能够接触到最新的研究成果和教学方法，为其教学和研究注入新的活力。此外，这种国际化的交流平台也为教师提供了展示自身研究成果的机会，从而获得更多的学术认可和合作机会。

开展国际合作项目是促进教师与海外院校进行联合研究和课程开发的有效方式。这种合作能够拓宽教育内容的国际化视野，使教育更加多元化，具有更大的包容性。通过与国际伙伴的合作，教师可以引进国外先进的教育理念和方法，丰富课程内容，提高教学质量。同时，这种合作也为教师提供了一个相互学习的平台，促进了教育理念的交流与融合，推动了教育内容的创新和发展。

设立教师国际交流奖学金，鼓励教师赴国外进行学习和实践，是提升其跨文化沟通能力的有效途径。通过在不同文化背景下的学习和实践，教师可以更好地理解和适应多元文化环境。这种经历不仅提升了教师的语言能力和跨文化交流能力，也增强了其在国际教育环境中的适应力和竞争力。此外，国际交流奖学金还为教师提供了一个展示自身能力和才华的国际平台，激励其不断追求卓越。

组织国际师资培训项目，引入全球最佳实践和教学理念，是推动教师专业发展与教育创新的重要举措。通过参与这些国际项目，教师可以学习和借鉴全球范围内的最佳教学实践和创新理念。这种培训不仅有助于提升教师的教学能力，还能激发其创新思维，促进教育教学方法的革新。通过与国际同行的交流与合作，教师能够不断地更新自身的知识结构和教学方法，从而更好地应对数字时代教育的挑战。

三、精神激励机制

（一）荣誉表彰与职称晋升

荣誉表彰与职称晋升在餐旅人才培养的师资队伍建设中扮演着重要角色。

设立明确的荣誉表彰制度标准至关重要，不仅能确保教师在教学、科研和服务等方面的贡献得到公正评估与认可，还能激励教师在这些领域持续投入。通过科学合理的评选标准，能够有效地激发教师的工作热情和创新精神，推动其在专业领域取得更大的突破。此外，职称晋升机制的设计需与教师的教学成果、科研能力和行业影响力紧密挂钩。这样的机制能够促使教师不断地提升自身专业素养，追求卓越的教学和科研表现，从而在行业中树立良好的声誉和影响力。

定期举办表彰活动为优秀教师提供了展示平台，不仅增强了教师的职业成就感和归属感，还能有效地促进师资队伍的凝聚力。通过这样的活动，教师不仅可以分享自己的教学经验和科研成果，还能相互学习和借鉴，从而在集体中形成良好的合作氛围。表彰活动的举办也为教师提供了一个展示自我、获得同行和社会认可的机会，这在很大程度上提高了教师的职业满意度和工作积极性。通过这些活动，学校可以更好地营造出一种尊重知识、尊重人才的文化氛围，吸引和留住优秀的教师。

荣誉表彰与职称晋升的多元化设计同样重要。涵盖不同领域的贡献，不仅能激励教师在其擅长的领域精耕细作，还能鼓励他们在跨学科合作和创新教学中积极探索。多元化的表彰和晋升机制能够反映出学校对多样性和创新性的重视，进而推动教师在教学方法、课程设计以及科研方向上进行创新和突破。通过这样的机制，学校不仅能够培养出更加全面和多元化的人才，还能在数字时代的快速变化中保持竞争力和先进性。这种多元化的激励机制将有助于构建充满活力和创新精神的师资队伍，为餐旅人才的培养提供坚实的保障。

（二）学术交流与专业发展机会

学术交流与专业发展机会在提升师资队伍的整体教学水平与创新能力方面具有重要作用。通过建立有效的学术交流平台，教师可以在知识分享与经验交流中获得启发，进而提升其教学方法与创新意识。一个高效的学术交流平台不仅能够促进教师之间的互动，还能为教师的专业成长提供持续的动力和支持。通过这种平台，教师能够接触到最新的教学理念和技术应用，从而在教学实践中不断地探索与创新，以适应数字时代对餐旅人才培养的新要求。

鼓励教师参与专业协会和学术组织是提升其专业素养的重要途径。通过加入这些组织，教师可以获取行业动态与前沿研究成果，拓宽视野，增强自身的学术影响力。在专业协会的活动中，教师能够与业内专家和同行进行深入的交流，分享研究成果和教学经验。这种参与不仅有助于教师自身的专业发展，还能为所在院校带来新的教学资源和合作机会，从而提升整体教育质量。通过积极参与这些组织，教师能够不断地更新自己的知识储备，保持与行业发展的同步。

定期举办学术研讨会和论坛是促进师资队伍专业发展的有效方式。邀请行业专家分享最新的研究与实践，不仅能够为教师提供学习和借鉴的机会，还能激发他们对教学改革的思考和探索。通过参加这些学术活动，教师能够了解当前行业发展的新趋势和新挑战，从而在教学中融入更多的实用性和创新性元素。这样的活动也为教师提供了一个展示自己研究成果的平台，激励他们在学术领域不断地追求进步和突破。

推动校际合作与交流项目是提升教师专业素养的重要举措。通过与其他院校的合作，教师能够实现资源共享，借鉴他校的优秀教学经验和管理模式。这种合作不仅有助于提高教育质量，还能促进教师之间的相互学习和共同发展。在校际交流中，教师能够接触到不同的教育理念和教学方法，从而丰富自己的教学策略。通过这种方式，教师的专业素养得以提升，进而推动整体师资队伍的进步和发展。

（三）教师的职业认同感与归属感

教师的职业认同感与归属感在数字时代的产教融合背景下显得尤为重要。教师的职业认同感不仅仅是对自身职业角色的认可，更是对教育事业的热爱与投入。通过参与决策过程和课程设计，教师能够更深入地理解教育体系的运作，从而增强对自身角色重要性和价值的认知。在这种参与过程中，教师不仅能够贡献自己的专业知识和经验，还能够感受到自身在教育改革与创新中的作用，这种感知进一步提升了教师的职业认同感。

建立支持性的文化氛围是增强教师归属感的关键。通过鼓励教师之间的合作与交流，可以有效地提升团队的凝聚力。在一个充满合作精神的环境中，教师能够相互学习、相互支持，从而形成一种共同体意识。这种意识不仅有助于教师个人的成长，还能促进整个师资队伍的专业发展。此外，积极的团队氛围也有助于缓解工作压力，提升教师的工作满意度和职业幸福感。

定期的职业发展评估与反馈机制是增强教师职业认同感的有效手段。通过系统化的评估，教师可以清晰了解自身的成长轨迹和未来发展方向。这种反馈不仅帮助教师认识到自身的优点和不足，还为其提供了明确的改进路径和目标。在此基础上，教师能够更加自信地规划职业生涯，加大对教育事业的投入。同时，多样化的职业发展机会和晋升路径的提供，使教师能够看到自身的成长潜力和职业前景，从而提升其对教育事业的归属感。通过这些机制，教师不仅能够实现个人价值，还能为教育事业的发展贡献更多力量。

（四）社会认可与行业影响力

社会认可与行业影响力在餐旅教育中扮演着至关重要的角色。社会对餐旅教育的认可度直接影响毕业生的就业竞争力。随着全球化进程的加快，餐旅行业对高素质人才的需求日益增长。教育机构通过提升社会认可度，不仅能够为学生创造更多职业发展机会，还能在一定程度上缓解就业压力。社会认可度的提高意味着教育成果被广泛接受和赞誉，进而提升学生在就业市场中的竞争力和吸引力。通过积极的宣传和推广，教育机构可以加强与社会各界的联系，提升其在公众心中的形象和地位。

行业影响力的增强是推动产教融合深入发展的重要因素。强大的行业影响力能够吸引更多企业参与到餐旅教育的合作中，形成良性互动。企业的参与不仅为教育机构提供了最新的行业动态和实践经验，还能够通过提供实习和就业机会，帮助学生将理论知识与实际操作相结合，提升其综合素质和实践能力。此外，行业影响力的提高也能带动整个餐旅教育体系的改革和创新，推动教育模式的更新和优化，为学生提供更丰富和多元的学习资源和平台。

教师在行业内的声誉与影响力是教育机构整体形象的重要组成部分。教师的专业水平和行业知名度直接关系到教育机构的声誉和吸引力。通过不断地提升教师的专业素养和行业影响力，教育机构能够吸引更多优秀的学生报考，形成良性循环。教师的声誉不仅体现在其学术成果和教学能力上，还包括其在行业内的活跃度和贡献度。通过参与行业标准的制定和行业活动，教师可以增强其个人及所在教育机构在餐旅领域的权威性和影响力，从而进一步推动教育机构的发展和壮大。

四、发展激励机制

（一）职业发展规划与晋升通道

职业发展规划与晋升通道在教师职业生涯中扮演着至关重要的角色。制定清晰的职业发展规划，能够帮助教师设定短期和长期的职业目标，确保其在教学、科研和行业参与等方面实现全面发展。这不仅有助于提升教师的专业能力，还能增强其在职业生涯中的成就感和满足感。在数字时代，餐旅行业的快速变化要求教师不断更新自身的知识储备和技能，因此，一个明确的职业发展规划能够为教师提供方向，帮助其在不断变化的行业环境中保持竞争力。

建立多样化的晋升通道是激励教师的重要措施。涵盖教学、科研、管理等多个领域的晋升通道，为教师提供了多元化的职业发展选择，增强了其职业发展的灵活性和适应性。在餐旅行业，教师不仅需要具备深厚的学术背景，还需具备行业实践经验。因此，多样化的晋升通道能够鼓励教师在各个领域进行探索和尝试，提升其综合素质，适应行业的多元需求，从而在职业生涯中获得更大的发展空间。

定期评估教师的职业发展进展，并提供相应的反馈和指导，是促进教师成长的重要手段。通过评估，教师可以识别自身的优势与不足，从而在职业发展中进行持续的改进与成长。这种评估不仅限于教学效果的考核，还包括科研能力、行业参与度等多方面的综合评估。通过这样的机制，教师能够获得及时的反馈，明确自身在职业发展中的方向和目标，从而在数字时代的餐旅教育中保持领先地位。

鼓励教师参与跨学科项目与合作研究，是提升其综合素质与行业适应能力的有效途径。通过参与跨学科项目，教师能够拓宽自己的知识面，提升解决复杂问题的能力，增强在教育领域的竞争力。在数字化背景下，餐旅行业的跨界融合趋势愈发明显，教师只有具备多学科的知识背景和合作研究的能力，才能更好地适应行业的发展需求。因此，学校应积极鼓励教师参与此类项目，为其提供必要的支持和资源，助力其职业发展。

（二）培训与进修机会

在数字时代，餐旅行业的快速发展要求教师不断地更新自身的知识和技能，以适应行业的变化和需求。因此，建立系统化的教师培训计划显得尤为重要。通过定期举办专业技能培训，教师能够及时掌握最新的餐旅行业知识和教学方法。这不仅有助于提升教师的教学质量，也能使学生获得更前沿的行业信息和实用技能。系统化的培训计划应包括理论知识的更新和实践技能的提升，以确保教师在教学过程中能够提供高质量的教育体验。

提供灵活的进修机会也是激励教师的重要手段。支持教师参加行业内的研讨会和在线课程，可以帮助他们提高专业素养和实践能力。这种灵活性不仅让教师能够根据自身的时间安排进行学习，还能使他们接触到国际国内最新的行业动态和教学方法。通过这样的进修机会，教师能够在教学中融入更多的实践经验和创新思维，提升学生的学习效果和兴趣。

鼓励教师参与跨学科的培训项目也具有重要意义。跨学科的培训能够提升教师的综合素质和创新能力，促进教学内容的多样化和实用性。在餐旅行业，跨学科的知识往往能带来新的视角和解决方案，帮助教师在教学中融入更多的创新元素。这不仅能激发学生的创造力，还能培养他们的综合能力，使其在未来的职业生涯中具备更强的竞争力和适应能力。

设立教师进修奖学金是激励教师深造和提升学历的有效措施。通过奖学金的支持，教师能够有更多的机会进行高等教育和专业深造，从而增强在教育领域的竞争力和专业发展机会。这种激励机制不仅能提升教师的个人能力和职业发展，还能对整个教育团队的建设产生积极的影响，推动餐旅人才素质的整体水平不断提升。

（三）项目参与与领导力培养

项目参与与领导力培养是提升教师综合能力的重要途径。在数字时代，餐旅行业的快速变化要求教师不仅要具备扎实的理论知识，还需在实践中不断地锤炼项目管理能力。通过积极参与行业项目，教师能够锻炼组织协调和资源整合能力。这不仅有助于教师适应行业的动态变化，还能为学生提供更贴近实际的教学内容。项目参与的过程使教师能够在真实的环境中检验和应用其专业知识，进而提升其教学和科研水平。

鼓励教师承担项目领导角色是培养其决策能力和团队管理技能的关键。作为项目的领导者，教师需要在复杂多变的环境中作出快速而有效的决策，这一过程有助于提升其领导力和沟通能力。通过承担领导角色，教师能够更好地理解行业需求，进而在教育和行业之间架起沟通的桥梁。这不仅有助于教师的个人发展，也为学校和行业之间的深度合作创造了条件。

提供项目参与的培训和指导是确保教师能够有效参与项目的基础。通过系统的培训，教师能够掌握项目策划、实施和评估的基本技能。这些技能的掌握使教师能够在教学和科研中更好地应用项目经验，从而提升专业能力和教学质量。培训和指导的过程也是教师相互学习和交流的机会，有助于形成良好的学术和实践氛围。

建立教师参与项目的激励机制是提高其参与积极性的重要手段。通过认可和奖励，教师在项目中的创新思维和领导力发展能够得到充分的激励和肯定。激励机制不仅包括物质奖励，还应涵盖职业发展机会和专业成长路径的拓展。这样的机制能够激发教师的创造力和主动性，促进其在项目中不断地创新和进步，为学校和行业的发展贡献更多的智慧和力量。

（四）创新与创业支持

创新与创业支持在餐旅人才培养中扮演着至关重要的角色。建立创新创业孵化平台是支持教师和学生实现创意的关键步骤。通过提供资源支持和专业指导，这些平台帮助教师和学生将他们的创新想法转化为实际项目或商业模式。这不仅提升了他们的实践能力，也为他们在餐旅行业中提供了更广阔的发展空间。孵化平台通过整合校内外资源，搭建多元化的支持体系，使得教师和学生能够在一个开放的环境中探索和实现创新目标。

开展创新创业培训课程是提升教师和学生创业思维与实践能力的另一重要策略。这些课程不仅关注理论知识的传授，还强调实践技能的培养。通过系统化的培训，参与者能够更好地理解市场需求，掌握创业技巧，并在餐旅行业中提高市场竞争力。这些课程通常结合实际案例分析，使得学生能够在真实的商业情境中锻炼自己的能力。通过这种方式，教师和学生不仅获得了理论知识，也积累了宝贵的实践经验，为未来的职业发展打下了坚实的基础。

鼓励教师参与行业创业大赛是激发创新活力的有效途径。通过参与这些比赛，教师不仅能够展示自己的创新项目，还能在行业内获得更高的影响力和认可度。这些大赛通常吸引了行业内外的专家评委，提供了一个展示和交流的平台，使教师能够在竞争中不断地提升自己的能力。此外，比赛中的优秀项目往往能够获得进一步的资源支持和发展机会，从而推动创新成果的实际应用，促进教育与行业的深度融合。

建立校企合作机制，为师资队伍提供创业资金和技术支持，是推动创新成果转化的重要环节。通过与企业的紧密合作，学校能够获得更多的资金和技术资源，以支持教师的创业活动。这种合作不仅增强了教育与行业的联系，也使得创新成果能够更快地投入实际应用。企业在合作中也能获得新鲜的创意和解决方案，实现双赢。校企合作机制的建立，为师资队伍的创新创业活动提供了坚实的后盾，推动了餐旅行业的可持续发展。

参考文献

[1]徐苏涛，谢盼盼，岳渤．数字时代的产业变革与组织创新[M]．北京：新华出版社，2024．

[2]郭斌，王真，谭子雁．数字化转型方法论[M]．北京：机械工业出版社，2025．

[3]沈华夏，张雅丽．数字经济与贸易[M]．上海：复旦大学出版社，2025．

[4]叶瑞克．数字经济学[M]．杭州：浙江大学出版社，2025．

[5]陈春花，彭剑锋，穆胜．数字时代的组织本质[M]．北京：机械工业出版社，2023．

[6]韩爱霞，鹿敏．餐饮服务与数字化运营 第2版[M]．北京：旅游教育出版社，2024．

[7]丁元霖．旅游餐饮服务业会计 第2版[M]．上海：立信会计出版社，2025．

[8]王森，王子．找到生活新餐旅在苏州[M]．福州：福建科学技术出版社，2023．

[9]黄昕．酒店与旅游业市场营销 基于数字化创新[M]．北京：机械工业出版社，2024．

[10]冯蕾，程芳．餐饮服务与数字化运营[M]．北京：北京理工大学出版社，2024．

[11]王文龙．产教融合理论与实践研究[M]．长春：吉林科学技术出版社，2024．

[12]汤慧．文化创意与旅游融合发展[M]．北京：原子能出版社，2024．

[13]朱军，张文忠．产教融合与技术技能人才培养[M]．上海：上海大学出版社，2024．

[14]姜伟星．产教融合理念下校企合作人才培养理论与实践研究[M]．天津：天津科学技术出版社，2023．

[15]金慧慧．产教融合人才培养生态系统构建研究[M]．北京：九州出版社，2023．